광대한 삶을 위한 작은 철학

한없는 행복

Un bonheur sans mesure

광대한 삶을 위한 작은 철학

한없는 행복

로랑스 드빌레르 지음 | 이주환 옮김

마르코폴로

목차

NN에게

"갈망보다도, 운명보다도 높은
확실하고 한없고 끝없는 행복"

코르네유, 『폴리외크트』 4막 3장

한없는 행복 : 광대한 삶을 위한 작은 철학

Un bonheur sans mesure : Petite philosophie de la vie en majuscule

로랑스 드빌레르

보다 광대한 삶

오늘날 행복은 극도로 중대한 문제가 되었고 매순간의 걱정거리가 되었다. 나는 행복한가? 너와 내가 함께할 때 우리는 행복한가? 그게 나를 행복하게 해주는가? 행복은 심지어 공중보건의 문제이기도 하다. 이제 병을 예방하는 것처럼 불행을 예방해야 하며, 우울과 농약, 알레르기 항원을 피하는 것처럼 주의 깊게 불행을 피해야 하는 것이다. 우리는 행복의 지배 아래 놓이게 되었고 종일토록 행복을 추구하게 되었다. 역사상 수많은 기대들이 환멸 속에 사라져갔고 우리는 갖가지 유토피아들에 대한 헛된 기대를 접는 지혜를 배웠다. 하지만 행복의 유토피아에 대한 기대만큼은 존속하고 있으며, 이러한 기대는 얼핏 정당해 보이고 심지어 권장되는 것이기까지 하다. 헛될 리가 없는 유일한 희망으로서 말이다.

오랫동안 내가 행복을 누리는 능력이 부족하다는 생각을

해왔었다. 한데 요즘에는 행복에 관한 지침서가 넘쳐나게 많아졌고, 나는 그 책들의 도움을 빌어 나를 개선하려 했다. 병원의 처방전이나, 효율적이고 헬스클럽의 운동 계획처럼 건강에 도움이 되는 행복 프로그램을 찾고자 했다. 행복의 지침서들과 거기 실린 다양한 방법론들을 읽으면서 안도감을 느꼈으며, 때로는 재미를 느끼기도 했다. 그러나 이 책들이 '행복'을 위해 제안하는 바들은 나를 녹초로 만드는 것이었다. '또렷한 자기의식을 유지하라'는 제언은 나를 피로하게 했고 '지금 이 순간에 충실하라'는 제언은 나를 실망시켰으며, 건전하고 행복하게 살라, 기쁨과 감사심과 창의성을 갈고 닦아라, 삶과 삼라만상에서 의미를 찾아라 따위의 명령문은 나를 숨막히게 할 뿐이었다. 나는 현재를 살고자 하지 않고 언제나 이곳 아닌 다른 곳을 꿈꾸며, 분노와 환멸들을 거듭거듭 곱씹는 유감스럽고 불건전한 경향을 유지하는 사람이기 때문이다. 나는 스스로의 삶을 망칠지도 모른다는 생각에 번민하곤 한다. 내 하루하루가 실패의 연쇄처럼 느껴진다. 마음의 평정을 의식적으로 추구하면 할수록, 나는 내 결점들로 인해, 그리고 좀처럼 덜어내지 못하고 있는 내 모든 부정성으로 인해, 도리어 죄의식에 사로잡히고 만다. 그리하여 나는 저 '행복 헬스클럽'의 회원권을 해지하고 다른 분야의 책들을 다시 펼쳐보게 된 것이었다. 나는 다시금 철학의 영토에 발을 들여놓았다. 철학이라고 하면 무미건조한 것이라고 생각하기 쉽지만, 내게는 철학책들이 행복 지침서들보다 더 감미롭게 느껴졌다. 왜냐하면 나는 철학의 영토에서 자유로움을 느꼈기 때문이다. 철학 속에는 슬픔과 좌절을 알 자유가 있었고 고통으로부터 의미를 끌어내지 않을 자유가 있었으며, 아침 이슬에 황홀해하지 않을 자유가 있었고 현재를 지겨워할 자유가 있었다. 철학을 통해 나는 행복을 이전보다 덜 번거롭고 더 유쾌한 것으로 또한 더 거대한 것으로 보게 되었다.

사실 행복해지는 것은 자기계발과 전혀 상관이 없다. 행복이란 우리가 받아들여야 하는 어떤 새로운 태도가 아니며, 비관주의를 낙관주의로 바꾸고 부정적인 것과 고통스러운 것을 피하고자 하는 식의 사고방식도 아니다. 행복은 '참살이'의 동의어가 아니다. 이러한 확신을 내심 우리 모두가 갖고 있지 않은가? 이는 무엇을 의미하는가? 이 확신의 의미는 행복이란 단순한 쾌락의 집합, 좋은 순간들과 좋은 감정들의 집합 그 이상의 것이며, 단순한 욕구 충족 이상의 무엇이라는 것이다. 반론은 잠시 접어두고 이 점을 좀 더 자세히 살펴보도록 하자.

지중해의 햇살이 내리는 코르시카의 바다, 지적인 책 한 권, 영원의 맹세, 사랑의 고백, 지지의 말, 용서의 말, 웃음, 오래 지속되는 우정, 당신을 이해해주는 누군가, 나날이 길어지는 해, 이것들은 모두 빛나는 순간들이고 소중한 행동들이다. 그리고 이 모든 것들이 감동을 주는 이유는 행복이 우리에게 무엇인가를 암시해주기 때문이고 '삶은 그렇게 되어야 하고 우리는 그렇게 살아야 한다'는 증명을 계시처럼 품고 있기 때문이다. 이 모든 순간들과 행동들은 우리의 우주를 넓히고 우리를 가두고 있는 벽들을 밀어내고 새로운 시야를 터주며, 보다 높은 곳을 바라보게 만들고 좀더 넉넉한 바람을 품게 만들어 준다. 이는 단지 그것들이 우리를 흐뭇하게 하기 때문만은 아니다. 우리가 그러한 변화를 겪게 되는 것은 그것들이 보다 높고 보다 충만한 삶, 즉 '행복한 삶'이라는 것이 어떤 것일 수 있는지를 알려주기 때문이다. 그것들은 마치 다른 것을 향한 새로운 길을 열어주는 복음과도 같다. 그것들이 계시하는 것은 삶의 거대함이고 이 세상에는 아직 더 희망할 것들이 존재한다는 확신이며, 행복이란 바라는 바들의 목록에서 두세 개의 목표들을 삭제함으로써 얻어질 수 있는 것이 아니요, 잠시간의 덧없는 휴식도 아니라는 확신이다. 이때 우리가 엿보게 되는 것은 보다 높으며 넓고 다채로운 어떤 삶의 가능성, 곧 더 광대한 삶의 가능성이다.

우리가 행복할 때, 실제로 뭔가 다른 것에 예상치 못했던 존재의 새로운 단계에 더 특별하게 느껴지는 새로운 현실에 닿게 되었다는 느낌을 받지 않던가? 그럴 때면 우리는 돌연 깨닫게 된다. 행복이란 매우 특별한 경험이며, 단순히 만족을 얻는다거나 욕구를 충족하는 것과는 다른 일이라는 것을 말이다. 만족을 얻고 욕구를 충족하면 된다는 식의 논리는 성공의 논리요, 수요와 공급의 논리일 뿐이다. 이런저런 것들을 욕망하고 그러한 욕망을 이루고 나면 그것으로 끝이라는 것이다. 이는 결핍으로 시작하여 충족으로 끝나는 쾌락의 논리이다. 한데 행복은 과연 이와 같은 논리를 따르는가? 행복을 경험할 때의 느낌도 이와 마찬가지인가? 이 미스터리에 좀 더 가까이 다가가 보도록 하자. 사실 행복의 경험이란 것은 쾌락의 논리와는 전혀 다른 논리를 따르고 있지 않은가? 행복을 통해 단순한 만족보다 훨씬 더 큰 무엇을 느끼게 되지 않던가? 행복 속에서, 우리가 바랐던 바 이상의 것을 성취한다는 느낌을 받지 않던가? 가벼운 마음으로 '넘치게' 누린다는 느낌을 받게 되고 어떤 것도 계산할 필요가 없다는 데서 오는 환희를 느끼게 되며, 또한 보다 생생한 삶의 풍요를 느끼지 않던가?

여기서 의심 많은 이들은 이렇게 반론할지도 모르겠다. 내가 뜬구름 잡는 이상과 환상, 우리 눈으로 결코 확인할 수 없는 삶 너머의 무엇인가를 묘사하고 있는 것 아니냐는 반론 말이다. 하지만 결코 그렇지 않다. 행복한 삶이란 삶의 한 차원을 이루고 있는 것이며, 우리가 너무나도 쉽게 희망의 '이쪽'에서만 살아가기를 받아들이지 않는다면, 실제로 그러한 차원 속에 발을 들일 수 있을 터이다. 이 점에 대해 오해는 없었으면 좋겠다. 나는 어떤 종교적 천국을 기대하고 있는 것이 아니고 더 나은 세계를 위한 청사진을 그리는 어떤 신념에 관해 이야기하고 있는 것도 아니다. 나는 다만 바로 여기, 이 지상에서 살아가는 우리 자신의 삶의 희망을 이야기하고 있다. 그리고 우리 삶에 깃든 이 희망은 행복한 삶이라는 것은 단순히 욕구 충족에 만족하는 삶보다 훨씬 큰 의미를 갖고 있다는 점을 설득하고자 한다. 이는 도피도, 믿음도 아닌, 확신이다. 실제로 행복은 삶 속에 우리가 현재 만족하는 것보다 더 많은 삶의 가능성이 존재한다는 증거를 주고 있지 않은가? 천국은 하늘에만 있는 것이 아니며, 종교는 '초월'이란 말을 독점할 권리가 없다. '초월'이란 쓸데없이 전문적인 단어로, 실제로 말하고자 하는 바는 다음과 같다. 우리 안에는 보다 큰 시각을 갖고자 하는 욕망이 있다는 것, 그리고 비단 종교적 천국에만 군주가 있는 것이 아니라, 우리들의 삶 안에도, 별것도 아닌 것으로는 만족하기를 거부하는 삶의 군주가 있다는 것일 따름이다. 우리는 언제나 이 천국의 도래를 기다리지만, 매번 행복해질 때마다 이미 이 천국 안에 발을 들이고 있다.

그래, 인정할 것은 인정하도록 하자. 행복과 다른 현실의 도래, 그리고 일상의 중지에는 무엇인가 기적적인 면모가 없지 않아 있다. 아마도 그 때문에 매번 행복이 찾아올 때마다 우리가 그토록 놀라는지도 모르겠다. 마치 도박에 참여하지도 않았는데 돈을 딴 사람처럼, 모든 죄를 단번에 용서받은 사람처럼, 오랜 궁핍에서 마침내 벗어난 사람처럼, 행복이 찾아올 때마다 우리는 이런 환호성을 내지르곤 한다. "대박!",

"빙고!", "드디어 육지다!" 그럴 때면 구원의 약속이 마침내 이루어졌다는 희귀하고도 비할 데 없는 감정을 느끼게 된다. 오래 지속될 때의 사랑처럼, 예상치 못하게 주어졌을 때의 용서처럼, 아름다움처럼, 그리고 구현되었을 때의 정의처럼, 행복은 새로운 돌파구를 내어주고 새로운 풍경을 발견하게 한다. 행복은 우리가 현재 있는 곳이 아니라, 앞으로 나아갈 곳을 묘사해준다.

그러나 사람들은 행복은 별 대단한 것들로 이루어지는 것이 아니라는 점을 설득하고자 한다. 그들에 따르면 행복이란 한 줄기 시선으로 미소로 자잘한 즐거움들과 소소한 기쁨들로 이루어진 무엇이라는 것이다. 우리는 어쩌다가 이처럼 아무것도 아닌 것들로 이루어진 작은 행복에 만족하게 되었을까? 그것은 우리가 '희망'보다는 '위안'을 선호했기 때문이 아닐까? 어쩌면 우리는 '현재의 순간'이란 것을 유일한 구멍 멧목으로 삼고 유일한 현실로 삼아, 우리 자신의 몸을 거기 동여매었던 것이 아닐까? 이젠 그러지 말자. 차라리 우리가 속기 쉬운 멍청이가 아니라는 점을 믿고 도박을 하는 심정으로 마음속에 다음과 같은 확신을 품어 보도록 하자. '현재'라는 울타리 안에 갇혀 평화로이 풀을 뜯는 것이 우리에게 주어진 운명이 아니라는 확신을, 삶은 '지금, 여기'보다 훨씬 더 거대한 것이라는 확신을 말이다. 우리 안에는 꺼지기를 원치 않는 희망이 타오르고 있다. 그것은 보다 먼 곳을 보게 만드는 희망, 불확실한 내일로 나아가게 만드는 희망이다. 그리고 이 희망은 언제나 옳다.

행복은 내가 원할 때에!

우리는 행복이 의무인 시대에 접어들었다. 행복은 이제 삶의 목표일 뿐만 아니라 의무이기도 하고 또한 모든 행동의 근본적인 동기이기도 하다. 행복에 대한 집착이 어찌나 심해졌는지, 행복 아닌 다른 것에는 신경을 쓸 겨를조차 없어진 듯하다. 행복은 인생 전체를 정당화하는 것이 되었다. '행복을 찾기 위한 것이 아니라면, 존재한다는 것에 무슨 의미가 있겠느냐?'는 것이다. 산다는 것은 오직 '행복하게' 사는 것을 의미하게 되어버렸고 행복이 없는 삶이란 것은 다만 반쪽짜리에 불과한 것으로 여겨진다. 슬픔, 분노, 초조, 좌절 등 행복에서 멀어지게 하는 모든 것들은 오늘날 무익하고 병적인 것이 되어버렸다. 우리의 존재를 무의미로부터 구제할 수 있는 유일한 방법은 "어쩌면 이렇게 행복할 수가!"라는 감탄이 따라붙는 화려한 인생의 성취들을 이루는 것이 되어버렸다. 오직 성과를 올리는 삶만이 고생해서 살아갈 가치가 있는 삶으로 여겨진다. 오직 잘나가는 삶, 성공의 점수를 획득하는 삶만이 적절하고 진실하고 완전한 삶이 되는 것이다. 스트레스에 시달리거나, 행복하거나. 현대인의 근본적인 존재 조건은 이제 이 둘뿐인 듯하다.

그러나 한때는 행복이 '선택적'이었던 시절도 있었다. "행복은 내가 원할 때에"라는 슬로건이 유행했던 1980년대가 바로 그런 시절이었다. 1980년대에 사람들은 컴플렉스도 죄의식도 없는 삶을 추구했으며, 젊음을 우쭐해하는 젊은이들에게서 발현되곤 하는 오만한 자신감을 품고 살아갔다. 때는 '클럽 메드(Club Med)'[1]의 황금기였다. 그들은 구속되지 않는 즐거움을 누리는 기술을 사람들에게 전파하고자 했다. 클럽 메드의 홍보 전략은 그들의 모든 여가 철학이 집약된 슬로건인 "행복은 내가 원할 때에"를 중심으로 짜여졌다. 당시 클럽 메드의 광고 포스터를 하나 살펴보도록 하자. 포스터에는 여름 바다를 등진 여성 모델 한 사람이 보인다. 그녀는 다만 무심히 정면을 바라보고 있을 뿐이며, 그 어떤 것에도 특별한 시선을 주지 않고 있다. 그녀는 자신이 충분히 '가벼워'졌다는 사실이 기쁜 듯하다. 가벼울 대로 가벼워진 그녀는 저 '행복'조차도 가볍게 무시할 수가 있게 되고 그렇게 모든 명령으로부터 해방된 채, 완전한 자유를 손에 넣는 것이다. 그녀는

---

1. 프랑스에서 벨기에인인 제라르 블리츠에 의해 1950년에 창립된 여행사 겸 리조트 운영 회사. 창립 당시의 사명은 "지중해 클럽(Club Méditerranée)"이었다.

어떤 것도 원하지 않고 어떤 것도 욕망하지 않는다는 비할 데 없는 호사를 누린다. 그녀는 달콤한 독립을 맛보고 있는데, 이 독립은 그 어떤 것에 의해서도 손상되거나 부식되지 않는 독립이요, 그녀가 온전히 소유하고 있는 자유인 것이다. 그녀는 어떤 것을 신경쓰고자 하지도 않고 어떤 것과 대립하려 하지도 않는다. 채워야 할 허기가 전혀 없을 정도로 또한 행복해지고자 하는 욕구까지를 포함하여 채워야 할 욕구가 전혀 없을 정도로 그녀는 "부유"하다.

1980년대 말 클럽 메드 광고 포스터에 실린 이 여성 모델은 용모가 못나지도 않고 나이가 많지도 않다. 하지만 중요한 것은 그러한 사실들이 아니다. 중요한 것은 그녀가 또한 적극적이지도 않고 명상에 잠겨있지도 않으며, "자연스럽"지도 않고 마음의 평정을 유지하고 있지도 않다는 사실이다. 그녀는 '나는 이런 사람이오'라는 주장을 할 생각이 전혀 없어 보인다. 그녀에게는 모시는 신도, 따르는 주인도 없다. 현재 상황에서 무엇인가 이득을 끌어내고자 하는 것 역시 그녀의 목표가 아니다. 이득을 끌어낸다고? 그런 것은 욕심쟁이들의 쾌락에 지나지 않고 따지고 보면 괜한 스트레스이자, 또 다른 구속에 불과하다. 진정으로 행복하다는 것은 행복을 아랑곳하지 않는 것이다. 참으로 이단적인 말이지 않은가! 어쩌면 이렇게 느긋할 수가 있는지! 우리는 모든 종류의 훈계들을 거부해야 한다. 개중에는 '쾌락주의'적인 조언을 자처하는 것들도 있고 도움이 되길 바라는 마음에서 건네는 조언이라는 것들도 있지만, 이러한 것들조차도 예외가 될 수는 없다. 우리는 바로 저 '쾌락'으로부터 해방되어야 한다. 자유는 거저 얻어지는 것이 아니다. 자유를 얻기 위해 우리는 기쁨의 계량을 포함하여 모든 종류의 계산을 그만두는 법을 배워야 하고 또한 옛 도덕가들이 권장했던 과도한 죄의식의 잔재를 비웃는 것과 마찬가지로 행복에 대한 스스로의 욕망을 비웃는 법을 배워야 한다. 클럽 메드의 광고 포스터는 성패에 전혀 무심한 삶, 위대하고도 '거침없는 가벼움'을 품은 삶의 전복적인 이미지를 보여준다. 그것은 아무것도 계산하지 않는 삶이며, 다만 "내가 원할 때에" 모든 것을 탕진할 수 있는 삶인 것이다. 이는 강도 높은 긴장 속에서 삶의 목표들을 달성해 나가고자 하는 열망과는 정반대의 열망에 해당한다. 클럽 메드 포스터의 여인은 삶을 철저하게 살아가려 하지도 않고 자아실현을 하려 하지도 않으며, 어떤 것에 다른 것보다 더 큰 가치를 부여하려 하지도 않는다. 그녀는 '눈부시게 아름다운 해변'과 '달콤한 휴가의 한때'라는 그녀의 '이곳'과 '지금'에조차 특별한 가치를 부여하지 않는다. 왜냐하면 그러한 모든 행위 안에는 불쾌한 '수익 계산'의 흔적과 예속의 잔재가 너무나도 많이 담겨있기 때문이다. 행복이란 우리가 이마에 땀을 흘려가며 벌어야 하는 봉급 같은 것이 결코 아니다. 행복은 대담한 요구를 통해 얻을 수 있는 것이며, 여기에는 노력보다는 위풍당당한 기세가 훨씬 더 많이 요구된다. 행복하게 산다는 것은 바다를 등지고 선 저 모델처럼, 행복을 등진 채로 행복의 단편들을 부스러기 하나 놓치지 않겠다는 태도를 버리고 행복에서 최대의 이익을 세심히 추출해내는 노역을 관둔다는 것을 의미한다. 행복하게 산다는 것은 여행지가 아름다움의 극치에 달한 순간에도 구태여 그 아름다움을 발견하고 기쁨을 맛보기 위해 자기 자신을 들볶으려 하지 않는 클럽 메드 포스터의 여행객 여인처럼 살아간다는 것을 의미한다. 행복이 우리 삶에 대단히 중요하다는 것은 맞지만, 어쨌든 어떠한 것도 강요하지 않는다. '지금 이 순간'이나 '삶의 아름다움' 따위를 표어로 내세우는 새로운 종교의 신도로 포섭되어, 녹초가 될 지경으로 행복 찾기에 매달린다거나, 행복의 숭배를 즐기는 것을 행복의 이름으로 정당화할 수는 없다.

이후로 클럽 메드의 광고는 훨씬 통속적으로 바뀌게 되었다. 1980년대의 슬로건에 있던 형이상학적인 번뜩임이 사라지면서, 그 안에 담겨 있던 자유로운 가벼움의 메시지도 함께 사라지고 말았다. 자기 행복을 괘념치 않는 데에는 분명 용기가 필요했을 것이다. 옛 슬로건에는 얼마나 큰 야망이 담겨있었던 것인가. 시간을 그저 흘러가도록 내버려두고 현재에도, 여름에도 경탄하지 않았던 저 여인은 얼마나 부러워할 만한 이인가. 1980년대에는 행복해진다는 것이 '중대한' 문제가 아니었다. 역설적인 얘기지만, 오히려 행복에 '무게'를 부여하지 않는 이들만이 저 소중한 행복을 쟁취할 수가 있었다. '행복하라'는 말은 약간은 시대에 뒤떨어진, 지나치게 무거운 명령으로 인식되었다. 진정으로 행복하기 위해서는 행복해지는 것을 신경쓰지 않아야 했다. 당시에는 '쿨(Cool)'함, 그러니까 '걱정 없음'과 '다른 생각 없이 즐김'이 행복보다 더 중요한 가치였다. 사람들은 소위 '행복해야 할 필요성'이라는 것에 자신의 자유를 희생하려 하지 않았다. 어떤 것도 그들의 선택지를 제한하거나, 그들의 선택을 좌지우지할 수는 없었다. 1980년대가 열망했던 행복은 이것저것을 아끼는 행복이 아니었다. 그들이 추구했던 행복은 가벼운 취기를 머금고 있는 축제와 낭비의 행복이었다. 오늘날이야 '매일 다섯 종류의 과일과 채소들을 섭취하시고 행복해지세요.' 같은 말이 기이하지 않지만, 당시에는 그 누구도 바람직한 식단의 추천이 어떻게 행복과 연결되는지를 이해하지 못했을 것이다. 때는 풍요와 완전고용의 시대였다. 이후로 실업은 사회문제가 될 것이었으나, 아직까지는 거의 그러한 낌새가 없었고 실업 같은 것은 그저 막연히 놀라운 사태에 지나지 않았다. 그러나 좋은 시절은 끝나고 경제 위기와 궁핍의 시대가 찾아왔다. 우리는 철부지 아이들처럼 마음껏 낭비하고 떠들썩하게 노는 일을 그만두어야 했다. 우리는 가진 자원을 조금의 낭비도 없이 모두 활용하는 법을 배워야 했고 건강을 관리하고 건전한 정신을 유지하고 겸손해지는 법을 배워야 했으며, 또한 여기저기서 소박한 기쁨의 조각들을 그러모으는 방법을 배워야 했다. 우리는 '싫어'라고 말할 자유를 잃었고, 모든 것을, 그러니까 '행복'을 포함한 모든 것을 선택적인 것으로 간주하는 호사를 잃게 되었다. 행복하지 못하다는 괴로움에 번민하며, 행복해지는 일에 전념하게 되었다. 거의 빅토리아 시대에 준하는 철저한 위생우선주의와 운동선수의 인내심을 갖고서 말이다. 행복은 우리가 거부할 수 있는 대상도, 마음껏 낭비할 수 있는 대상도 아니게 되어버렸다. 행복에 관해서는 농담의 여지가 사라지고 말았다.

모든 것이 더 무거워졌다. 윤리학과 교리가, 이렇게 살아야 잘 사는 것이고 저렇게 먹어야 잘 먹는 것이라는 식의 가르침을 내리며 삶의 가장 사소한 부분까지 지배하고 있다. 영혼은 근육과 마찬가지로 간주된다. 영혼도 근육처럼 마사지하고 단련해야 한다. 내적인 삶과 내장은 똑같은 임상적 주목을 받는다. 정신은 신체와 마찬가지로 다루어진다. 행복과 참살이가 혼동되고, 정신과 육체는 동일한 이상적 치료법을 따르게 되었다. 건강한 정신을 얻으려면, 육체의 '단련'과 동일한 식의 단련을 종교적인 믿음을 갖고 세심히 수행해야 한다는 것이다. 어쨌든 사람은 결코 불행에 빠져서는 안 된다는 것이다. 그렇게 우리는 주어진 처방을 따르게 된다. 우리는 알레르기 항원을 피할 때처럼 조심성을 갖고 슬픔을 피한다. "내가 원할 때에" 언제든 행복해질 수 있다는 오만은 "나는 행복할 수 있다"를 되뇌는 의식적인 각성에 자리를 내어주게 되었다. 이제 우리는 행복해지기 위해 "애를 써야" 한다. 오래지 않은 과거에는 오락에 속했던 활동들이 오늘날에는 일종의 수고가 되었다. 모든 것이 '일'이고 모든 것이(시간, 슬픔, 행복, 그리고 자기 자신과 다른 이들까지도) "관리"되어야 하는 상황 속에서, 우리 삶의 모든 활동은 다만 근로에 지나지 않게 되었다. 우리는 여가 활동과 저녁 모임마저도 노동의 연장선처럼 느끼고 만다. 그렇게 요가 연습과 피아노 연주를, 베트남 여행과 산티아고 데 콤포스텔라 순례를, 즐기는 것이 아니라 "실행"에 옮기는 것이다. 그러다보니 전혀 놀랍지 않게도, 우리는 언제나 쓸데없이 무게를 잡는 이들의 다소 우스꽝스러운 면모를 띠게 된다. "직업인들의 모습은 그들이 자기 일을 얼마나 진중하게 여기는가에 비례하여 우스꽝스러워진다."[01]는 말이 있다. 과연 그렇지 않은가?

우리를 녹초로 만드는 저 행복 기법들은 적어도 처음에는 우리를 안심시켜준다. 이 기법들을 통해 행복이란 것이 손을 뻗으면 닿는 자리에 놓여있다는 생각을 하게 된다. 이 기법들은 행복을 욕망과 분리시켜, 그것을 단순한 실천의 문제에 결부시킨다. 그렇게 함으로써 이 기법들은 애초에 우리가 실망과 불만족이라는 이중의 암초를 만날 일이 없도록 하는 것이다. 욕망과 욕망에 따르는 좌절의 위험을 무릅쓰는 것보다는 스스로를 갈고 닦는 편을 택하는 것이 더 안전하고 더 현명하다는 것이다. 우리는 배우고 배운 것을 적용하고 다시 배우는 일을 반복해야 한다는 것이다. 그런 식으로 재정의된 행복은 조금도 삐거덕거리는 일 없이 대단히 매끈하게 작동한다. 진정 스위스산 시계와도 같은 행복이다.

행복해지기 위해서는 물론 노력이 필요하지만, "자기계발"을 훌륭히 수행하기만 한다면 어떤 행복이든 결국은 손에 쥘 수가 있다는 것이다. 그리고 우리는 멍청한 속물들이 아니므로 "존재"와 "소유"를 구분하는 법을 알고 있다. 그렇게 우리는 진지하고 확신에 찬 어조로 '소유는 행복하게 존재하기 위한 충분조건이 아니다'라고 확언한다. 정신성이란 것은 무사히 보존되었다. 물질주의적인 삶 속에서도, 정신성을 위해 한 자리가 마련되어 있는 것이다. 비록 종교적인 천국과 사후의 행복이란 개념을 포기했음에도 불구하고 우리는 정신성 자체를 포기하지는 않았으며, 눈에는 보이지 않는 본질의 아름다움이란 개념도 포기하지 않았다. 한데 정말로 그러한가? 다만 소유에 대한 집착을 실천에 대한 집착으로 교체한 것에 불과하고 쟁취해야 할 목표를 '많은 재산'에서 '참살이'로 바꾼 것에 불과하다. 행복해진다는 것은 더는 소유한다는 것을 의미하는 것이 아니라 완성시킨다는 것을, 아니 차라리 자기 자신을 완성시킨다는 것을 의미하게 되었다. 자기 자신에게 더할 나위 없이 만족하고 자기 자신의 황홀한 주인이 되는 것이 곧 행복이라는 것이다. 이러한 사고방식은 겉보기에 덜 속물적이긴 하다. 실로 우리가 달성해야 할 목표, 곧 쟁취해야할 '좋은 것'의 위치는 사물들 안에서 우리 자신의 내면으로 이동했고 따라서 그 목표는 외적이라기보다는 내적인 목표가되었다. 이제는 행복할 자격을 취득하는 것 내지 행복을 맞이할 준비를 하는 것이 우리의 목표가 된 셈이다. 우리는 마침내 행복을 붙잡는 데 성공한 것인가? 오늘날 행복은 마침내 존재하게 되었는가? 유레카, 드디어 행복의 문제가 해결된 것인가? 단어 사용을 좀 바꾸고 세계관을 약간 바꾸는 것만으로도 충분히 행복을 얻을 수 있는 것이라면, 지나치게 고상하고 거의 손에 얻는 것이 불가능해 보이는 골치 아픈 행복을고민하는 일은 헛된 일에 지나지 않을지도 모른다. '소유'도 '존재'도 적절한 용어가 아니다. 행복은 이제 '요령'의 문제, 우리가 채택해야 하는 여러 가지 실천적 조치들의 문제에 속하는 것으로 보인다. 이에 따르면 우리는 행복해지기 위해 어떤 일이라도 해야 하며, 바로 이곳에서, 지금 이 순간 속에 잠겨, 지침에 따라 행복을 추구해야 한다는 것이다. 어제도 내일도 중요치 않고 중요한 것은 바로 지금뿐이라는 것이다.

그런데 정말로 그러한가? 그저 비판의 즐거움을 위해 회의적이 되지는 말고 다만 진실을 밝혀내기 위해, 위의 생각이 과연 옳은 것인지를 검증하기 위해, 마음속에 의심을 품어보도록 하자. 지난 수 세기 동안 수많은 철학과 신학, 영성이 존재했으나, 이 중 어떤 것도 오늘날 행복 지침서들만큼의 열성을 갖고 우리에게 행복을 제시하지는 않았다. 게다가 과거의 생각들과는 달리, 행복 지침서들은 우리가 실천해야 할 과업이라는 형태로 상당히 구체적인 행복의 모습을 제시하고 있는 것이다. 그렇다면 과연 이러한 지침서들을 통해 우리 마음을 후벼파는 욕망을, 좀처럼 잠재우지 못하고 있는 행복하고자 하는 욕망을 끊어내게 되었는가? 좀처럼 만족하지 못하는 욕망, 우리가 행복을 맛보고 있는 순간에조차 계속해서 행복을 열망하게 만드는 욕망을? 그런데 우리는 실제로 저 아무 것도 아닌 무엇인가를, 저 찰나의 끊어짐을 느끼고 있지 않은가? 그리고 그것은 설령 우리가 행복해지기 위해 갖은 노력을 다한다고 하더라도, 행복은 그렇게 얻어지는 것 이상을 의미한다고 일러 주고 있지 않은가? 사라지지 않는 이 갈증, 행복한 경험들이 결코 다 길어 올릴 수 없는 어떤 절대의 차원을 행복에 부여하는 이 갈증은 정녕 환영에 불과한 것인가? 우리 안에는 한사코 떠나려 하지 않는 어떤 행복의 이상이란 것이 존재하지 않는가? 개화(開花), 만족, 기쁨, 성공, 이 중 어떤 것도 행복의 이상을 온전히 드러내주지는 않는다. 비록 그것들이 행복의 일부 측면을 밝혀주는 것은 사실이지만, 그럼에도 불구하고 여전히 행복은 이 모든 것보다도 더 많은 것을 품고 있다.

행복한 삶에 대한 이 열망, '더한 것'에 대한 이 욕망을 섣불리 거부하지는 말자. 행복이란 여전히 그 이상이다. 쉽사리 타협하려 하지 않는 욕망의 목소리에 귀 기울이도록 하자. 그 목소리는 행복이란 우리가 행하는 것들이나 '잘 살기' 위해 우리가 차용하는 방법들로 환원되지 않는다고 말해준다. 그 목소리는 행복이란 최상급으로 존재하는 것이며, 행복은 단순한 일상의 개선이 아니라 우리의 모든 희망을 남김없이 실현시키는 데 있는 것이라고 말해준다. 기쁨을 찾는 능력을 계발하고 일상에서 사소한 즐거움들을 맛보는 법을 배우고 예상치 못하게 눈에 띄는 존재의 아름다움들에 미소 짓는 법을 배우기 위해 강도 높은 훈련을 받는다 하더라도 소용이 없다. 그러거나 말거나, 우리 안에 머무르고 있는 저 행복의 이상은 언제나 더 큰 것을 욕망하도록, 언제나 더 먼 곳을 바라보도록 부추긴다. 행복이란 분명 '절대'를 지칭하고 있는 것으로 보인다. 이는 자기 관리 매뉴얼에는 등장하지 않는 단어이다. 행복은 우연에 의해 혹은 의식적인 노력에 의해 일어날 수 있는 어떤 좋은 순간들을 가리키는 것이 아니라, 우리의 모든 것이 꼭 필요한 진리를 가리킨다. 그런데 그런 시도가 필연적으로 불러일으킬 스트레스는 차치하고라도, 애초에 '절대'라는 것을 우리가 어떻게 "관리"할 수 있단 말인가? 절대란 것은 골치 아픈 것이다. 그런데 절대의 추구에 그렇게나 큰 가치가 있는가? 행복이란 다만 지금 여기 우리에게 주어진 것들에 만족하는 것이라고 생각하는 편이 더 편한 길이 아닐까? 미래에 얻게 될 둘보다는 지금 주어진 하나가 더 가치

있다. 우리가 바로 지금 여기서 안전하고 따스하게 지낼 수 있다면, 저 먼 곳을 욕망하느라 머리를 싸매고 높은 곳의 공기를 들이마시는 일에 열광할 이유가 대체 무엇이란 말인가? 실로 행복 지침서들의 권고를 따르는 이들의 심리에는 직접적으로 느낄 수 있는 것 너머의 것들을 희망하지 않고자 하는 바람, 곧 안전에 대한 욕망이 뚜렷이 존재한다. '절대'는 직접적으로 느껴지는 것보다 위험하며, 삶의 불확실성에 지나치게 많이 노출시킨다는 것이다. 따라서 그들은 이렇게 생각한다. 실용적으로 사고하자, 어려운 일들을 줄이고 기대도 줄이도록 하자, 우리들의 욕망을 현재에 관한 것으로 한정 짓도록 하자. 심호흡을 하고 긴장을 풀자, 골치 아픈 생각들과 부정성을 떨쳐내자, 지금 이 순간을 즐기자, 이상이 없는 행복의 온화한 햇살 아래에서.

그러나 돈이 행복을 만들어내지 못하는 것과 마찬가지로 참살이 역시 행복을 가져다줄 수 없다. 아니, 어쩌면 참살이보다는 차라리 돈이 행복해지는 데 더 도움이 될 지도 모르겠다. 행복해진다는 것은 단순한 만족을 의미하는 것이 아니라, 차고 넘치게 존재함을 의미하기 때문이다. 행복은 어떤 감각이라기보다는 하나의 존재 방식에 훨씬 더 가깝다. 사람들은 '소유욕'을 '존재에 대한 갈망'과 '자아실현의 열망'으로 바꿨고 그렇게 함으로써 자신들이 잃어버렸던 정신성을 손쉽게 되찾았다고 믿었다. 그들은 지나치게 물질주의적인 쾌락들을 보다 품위 있는 만족으로 대체했고 그러면서도 스스로 희망의 무게를 짊어지는 일은 피한 것이다. '현실주의자가 되자, 하지만 지나치게 속물적이 되지는 말자'는 것이 그들의 기조였다. 요란한 장식도, 과도함도 없는 행복, 근무 시간표와 조화를 이루는 행복이 그들이 추구한 행복이었다. 살을 빼기 위한 식단표가 초라한 것과 마찬가지로 행복의 식단표 역시 소소한 기쁨들과 작은 행복들만으로 짜이게 된다. 그러나 이러한 행복에 순응하려 애써도 소용없는 일이다. 더 큰 것에 대한 열망, 단순한 만족으로는 환원되지 않는 다른 행복에 대한 열망이 끊임없이 우리를 괴롭힐 테니 말이다. 요가를 한다거나 어떤 지혜를 실천에 옮기는 것처럼 행복을 실천하려 해도 소용이 없다. 일시적인 만족들과 행복의 이상 사이에 존재하는 차이는 결코 없앨 수 없다.

어떤 이들은 이것이 만족을 모르는 탐욕에 지나지 않는다고 말할 것이다. 이미 갖고 있는 것을 충분히 즐길 줄 모르기 때문에 나오는 소리라고 말이다. 하지만 그들이 그러한 반응을 보이는 이유는 그들이 이상과 채워지지 않는 탐욕을 혼동하고 행복의 절대성에 대한 욕망과 과도한 쾌락에 따른 감각 마비를 혼동했기 때문이다. 더 높은 삶에 대한 희망을 품는 것은 자신이 이미 갖고 있는 것에 질린 이가 품게 되는 변덕스러운 꿈이 아니다. 우리는 언제나 승화된 삶에 대한 희망을 마음속에 품고 있다. 행복 안에서 단순한 좋은 순간 이상의 것을 혹은 좋은 순간들의 총합 이상의 것을 보는 것은 그러한 좋은 순간들에 대해 무감각해짐을 의미하는 것이 아니라, 그러한 순간들 안에서 행복한 삶이 어떤 모습일 수 있는지에 대한 단서를 발견해냄을 의미한다. 그러한 발견을 거쳐, 자신의 존재가 그렇게 되어야 마땅한 존재로 발전할 수 있기를 소망하는 것은 현재를 경멸하게 만드는 병적인 욕망이 아니다. 이상이란 만족을 결코 모르는 이가 터뜨리는 울분이 아니며, 현실을 도피하는 이의 허깨비 같은 꿈인 것도 아니다. 행복이 절대를 가리킨다는 사실은 행복한 삶을 불가능한 것으로 만들지 않으며, 다만 우리가 아무것도 아닌 작은 것들로 만족하는 것을 말릴 뿐이다.

행복한 삶에 대한 이 희망은 무엇을 말해주는가? 그것은 행복이란 우리 전(全) 존재의 완전한 변화이자, 일종의 재창조와도 같은 것임을 말해준다. 행복이란 다른 현실의 도래이며, 이 새로운 현실은 기존의 것에 덧붙는 것이 아니라 그것을 철저하게 변화시키는 것이다. 엄밀히 말하면, 여기에 행복한 '경험'들이나 행복한 '순간'들과 같은 것은 존재하지 않는다. 행복한 삶에 존재하는 것은 우리의 존재를 단순히 개선하는 것이 아니라 '일신'시키는 행복의 '혁명'들뿐이다. 행복해진다는 것은 따라서 '자아실현'보다는 '변모' 내지 완전한 변화에 훨씬 더 가깝다. 행복해진다는 것은 자아를 다시금 확인하는 일이라기보다는 지금까지의 자기와는 다른 사람으로 변화하는 일에 더 가깝다. 행복을 따로 떼어진 즐거운 몇 시간과 동일시하는 것은 행복을 잘못 정의하는 일이다. 행복은 그러한 것이 아니라, 삶을 영위하는 다른 방식이기 때문이다. 다른 삶을 희망한다는 것은 깨어나야 할 달콤한 꿈을 꾼다는 이야기가 아니다. 우리는 실제로 보다 높은 삶을 향해 올라갈 권리를 갖고 있다. 다른 삶을 지향한다는 것은 낯선 땅으로 달아나는 것이 아니다. 다른 삶으로 나아간다는 것은 이미 우리가 알고 있는 고장에 발을 들이는 일이며, 목적지에 도달하는 일인 것이다. 삶의 저 상승된 차원을 하나부터 열까지 무로부터 만들어내는 것이 아니다. 삶은 이미 자신 안에 그러한 풍요의 약속을 담고 있다.

그러나 사람들은 우리에게 할 수 있는 것과 얻을 수 있는 것에 다시금 집중할 것을 권고하고 절대를 원하는 일에 열을 올리지 말 것을 권고한다. 이러한 권고를 받아들일 때, 우리는 무엇에 동의하게 되는 셈인가? 그때, 우리는 희망을 헐값에 팔아버리는 일에 동의하게 되는 셈이다. 그리고 그런 뒤에 우리가 거두게 될 것은 죄의식이다. 행복이라는 것이 정말로 건전한 습관의 실천과 받아들여야 마땅한 좋은 태도들에 달린 것이라고 가정해보자. 만약 그렇다면 우리가 행복해지는 데 성공하지 못할 경우, 그것은 변명의 여지가 없는 우리 자신의 책임이 될 것이다. 행복할 수 있었는데도 행복해지지 못했으니, 죄인이다. 사실 행복을 의무적인 것으로 간주하는 이러한 행복론은 공포에 시달리는 불행한 자의식과 강박증밖에 남기지 않는다. 여기서 공포란, '손 닿으면 붙잡을 수 있는 곳에 행복이 있거늘, 어쩌면 나는 저 행복을 붙잡는 데 실패할지도 모르겠다'는 마음에서 오는 공포이며, 강박증이란 자신이 영영 행복의 '가능성'에 이르지 못할 수도 있겠다는 마음에서 오는 강박증(만약 이것이 단순한 '가능성'에 대한 불안이 아니라 '이상'에 이르지 못하는 것에 대한 불안이었다면 그것은 마음을 괴롭게 하기보다는 삶을 역동적으로 만드는 불안이었을 테지만)이다. 행복은 단순한 것들에—몇몇 좋은 순간들, 약간의 감사하는 마음과 호의 등 현재의 테두리를 결코 벗어나지 않는 것들에—있다는 말은 우리를 안심시켜주지만, 그와 동시에 그와 같은 행복을 얻는 일에 실패할까봐 번민하게 한다. 긍정성의 지배는 곧 죄의식의 지배이기도 하다. 만약 내가 행복하지 못하다면, 그것은 나의 잘못이다. 나는 행복해질 수가 있었는데, 행복해지지 못한 것이다. 내 탓이다. 내 큰 탓이다.

그러나 어쨌든 오늘날 우리가 그 어떤 때보다도 삶을 찬양하게 된 것도 사실이다. 전에 없이 삶을 삶 자체로 사랑하게 되었고 열망하게 되었고 삶을 뚜렷이 의식하게 되었으며, 삶의 모든 경이를 알아볼 수 있게 되었다. 그러나 모든 것이 긍정적으로 받아들여지고 아무런 부딪힘도 없는 행복을 가정함으로써, 그렇게 삶과 행복을 지나치게 이상화함으로써 우리는 자신을 현실 앞에 무장해제시키는 위험을 무릅쓰게 되었다. 현실이란 어쨌든 필연적으로 실망과 고난을 포함하기 마련인데도, 그러한 점에서 눈을 돌림으로써 우리 자신을 과잉보호로 망가진 아이들처럼 만들어버린 셈이다. 아이들을 무슨 수를 써서라도 불행과 좌절로부터 보호하고자 하는 부모는 바로 그러한 선의 때문에 아이들을 연약하고 무미건조한 존재로 만들고 만다.

우리를 격려하겠다면서 수많은 행복 지침들이 요란한 열의를 보이고 있는 가운데, 모든 것이 그렇게 단순하지는 않다는 점을 다시금 상기시켜주고 우리가 손쉬운 행복에 굴복하지 않도록 힘을 실어주는 것은 철학의 몫이 되어야 할지도 모르겠다. 그렇게 철학의 역할이란 것은 근본적으로 전복적인 것일 수가 있다. 철학은 우리 자신의 고통을 극복하는 일의, 우리의 "애도 작업"의, 혹은 우리 자신의 감정을 추스르는 일의 유용성을 나아가 가능성 자체를 의심하도록 부추길 수가 있다. 이러한 철학적 의심을 통해 우리가 취할 수 있는 첫 번째 이점은 그것이 더는 성실한 맹목의 태도로 남의 의견을 추종하지 않게 해준다는 점이다. 실로 현자들 중의 현자였던 소크라테스의 우선적인 임무 역시 다른 이들을 성가시게 만드는 것이었다. 아무것도 아닌 이였으나 권위를 지닌 이였던 소크라테스는 당대에 유행하던 사상들과 겉보기에는 그럴싸한 해결책들에 비웃음을 던지며, 언제나 투쟁을 벌였다.

소크라테스의 본을 받아, 우리 역시도 합의된 마음의 위안들에 소크라테스적 아이러니를 적용하고 의심의 눈길을 던져보도록 하자. 그렇게 의무적인 행복의 지배에 약간은 저항을 해보도록 하자. 한데 그러고 나면 무엇이 남는가? 이제 우리에게는 앞으로 나아갈 일이 남아있다. 정말 별것 아닌 일이지만, 충분히 의미 있는 일이다. 여기서 비유를 통한 이미지 하나를 소개하는 것이 지금의 우리에게 적절한 가르침을 줄 수 있을 것 같다. 오싹한 동시에 경탄스러운 가르침이 담긴, 데카르트가 썼던 이미지이다. '우리는 숲속에서 길을 잃은 여행자들처럼 인생 속을 헤맨다. 다른 길보다 통행이 더 쉽거나 어려운 길은 없다. 위험 표지는 어디에도 설치되어 있지 않다.'[02] 베케트[2]의 작품을 연상시키는 이미지이지만, 그래도 이 비유 안에는 여전히 어떤 결정을 내리고 새로운 한발을 앞으로 내딛을 수 있는 힘이 남아 있다. 이 발걸음이 우리를 좋은 곳으로 인도할지, 나쁜 곳으로 인도할지는 중요하지 않다. 중요한 것은 어딘가에 도달하는 일이다.

2. 아일랜드의 극작가, 소설가인 사무엘 베케트(Samuel Beckett, 1906-1989)를 말한다.

행복을 추구하는 장식의 기술에 관하여

오늘날 행복은 이미지들의 모음집처럼 보인다. 행복한 인생
이란 사진첩에 빗댈 수 있다. 이 사진첩에는 순간적으로 포
착된 순간들이 불멸의 것으로 남을 만한 가치가 있는 장면들
이 담기게 된다. 중요한 것은 다만 구도를 잡고 장면을 연출
하는 일이다. 행복은 시각에 쾌락을 안겨주는 것이 되어야 하
며, 클리셰의 형식적 완벽성을 따라야만 한다. 행복한 순간을
찍기 때문에 멋진 사진이 나오는 것이 아니다. 그와는 정반대
로 우리는 사진이 멋지기 때문에 그 장면을 행복하다고 부른
다. 자칫하다가는 사람들이 행복이란 다만 포즈를 취하는 일
에 있다고 믿게 될 것만 같다. 어쨌든 행복은 이제 인생의 한
순간을 아름답고 기쁜 섬광 속에 굳히고 고정시키는 저 반사
상과 불가분한 것이 되고 말았다. 장면의 아름다움은 행복의
증명에 관계된다. 사진이 현실을 대체한다. 우리는 더는 현실

을 맨눈으로 볼 수 없게 되었다. 풍경과 마을 기타 등등의 '피사체'들이 가진 매력은 이제 사진의 중재를 통하지 않으면 느껴지지 않는 듯하다. 사진이 현실을 대체한 것과 마찬가지로 행복의 이미지가 행복을 대체하게 된다. 이제 사진에 찍힌 행복의 이미지는 우리가 그 순간 실제로 느낀 행복보다도 훨씬 생생한 것이 되었다.

'만약 어떤 사진이 아름답다면, 그것은 그 사진이 실제적이라는 것을 그리고 그 사진에 담긴 것은 진정으로 행복한 장면이라는 것을 의미한다.' 이와 같은 것이 오늘날 사람들이 감정, 말, 행동에 의한 증명보다도 더욱 신뢰하는, 이미지에 의한 증명이다. 이와 같은 증명은 즉각적으로 받아들여지는 동시에 행복을 일종의 질서정연한 작은 우주로 만들어 버린다. 추함과 평범함, 불확실성과 덧없음이 존재하지 않는 작은 우주로 말이다. 멋진 사진을 통해, 행복은 무의미와 실패의 가능성으로부터 달아나게 된다. 로고와 마찬가지로 행복은 내용을 담을 필요가 없게 되며, 대신에 어떤 빛나는 확언을, 매끈하고 후광에 감싸여 있으며, 인증을 받은 아름다움을 널리 내보이게 된다. 우리는 물활론적인 신흥 종교의 충실한 신도가 되었다. 이 종교는 이미지들에 영성을 부여하고 잘 찍은 사진 속에서 신비를 찾는다.

따라서, 행복해진다는 것은 이제 존재('...이기')의 문제도 소유('갖기')의 문제도 아닌, 시각('보기')의 문제가 된다. 행복은 이제 윤리학의 문제가 아니라 미학의 문제가 되는 것이다. 행복은 완전히 하나의 "클리셰"[3]가 되어버렸다. '인스타그램'과 '핀터레스트'는 행복의 새로운 시대를 완벽하게 반영하고 있다. 이 서비스들은 인터넷으로 연결된 누리꾼들의 말도 못하게 거대한 가족 사진첩으로 기능한다. 회원들은 각자 광택지 위에 담긴 행복한 삶의 이미지들을 업로드한다. 봄날의 풀 사진, 비 내리는 날의 보도 사진, 미소 짓는 어린아이의 사진... 모든 것은 사진 속에 "배치"되어 있고, 모든 피사체에는 포스터처럼 선명한 색상과 펄럭이는 깃발과 같은 생동감이 입혀지게 된다. 행복한 삶은 이처럼 '감광막을 벗기는' 작업을 거쳐야 하는 것이다. 이를 별 의미 없는 현상으로 보지도 말고 인터넷의 흘러 지나가는 수많은 유행 중 하나로 보지도 말자. 현실을 양식화하려는 이 시도는 사람들의 마음속 깊은 곳에 있는 동기를 따라 이루어지는 것이다. 이는 비단 삶의 진부함을 쫓아내려는 시도일 뿐만 아니라, 모종의 행복의 기술을, 아니 차라리 행복을 추구하는 장식의 기술을 정의하는 것이기도 하다("조금 더 왼쪽으로 그래 거기, 그렇게, 멋지네, 좋아."). 여기서 우리가 목도하는 것은 즐거움에 대한 예찬이 아니라 시각적인 것의 침공이다. 우리는 이제 즐거움을 맛보는 것이 아니라, 즐거운 장면을 바라보게 되었다. 이 과정에 어떤 즐거움이 있다면, 그것은 다만 장면을 '연출'하는 즐거

---

3. 정형화된 무엇을 의미하는 동시에 사진의 '네거티브 필름(陰畫)'을 의미하기도 한다.

움일 따름이다.

　이미지들을 통해 비물질적인 존재를 얻게 된 이는 행복하여라. 엄선된 장면들과 특별한 순간들 사이에서, 행복은 리코레(Ricoré) 커피 광고[4]를 닮은 것이 된다. 행복은 영원한 봄, 항구적인 평화, 기쁨에 찬 일상을 통해 그려진다. 시계와 일정에 따른 노동, 대도시와 공해, 제약과 종속 등은 행복의 이미지 안에 포함되지 않는다. 비물질적인 것이었던 행복은 그저 비현실적인 것이 되어버린다. 행복의 규모는 축소되어, 고작해야 스냅사진의 테두리를 벗어나지 않게 되었다. 찰칵, 행복은 '지금' 그리고 '여기' 안에 갇힌다. 우리는 어제와 내일에 대해 생각하지 않은 채 자그마한 사진의 판형 안에서 살아가게 된다. 우리가 행복을 추구하는 기술은 미니어처의 기술이다. 아무것도 아닌 '작은 것들' 안에서 행복을 찾고자 하는 것이다. 어쩌면 이러한 취향을 갖게 된 이유는 우리가 정치에 관심을 잃고 공적인 영역에서 발을 뺐기 때문인지도 모르겠다. 사상들의 획일화가 싫어서든, 혹은 역사와 역사의 폭력이 두려워서든, 사람들은 공적인 영역에 대한 관심을 잃고 말았다. 이제 우리는 세계를 변혁하기보다는 그저 집의 실내 장식이나 바꾸길 원할 뿐이다. 우리의 야망과 기쁨은 이젠 철저하게 가정적인 수준에 머무른다. 절대의 차원이 완벽하게 잘

---

4. 네슬레가 1953년에 첫 출시한 인스턴트 커피 제품이다. 프랑스에서는 '친구 리코레(l'ami Ricoré)'라는 슬로건 아래 발표되었던 일련의 TV광고들이 유명하다. 저자는 바로 다음 문장에서 '영원한 봄, 항구적인 평화, 기쁨에 찬 일상'이라는 말로 이 TV광고들에 사용되었던 이미지들을 묘사하고 있다.

려나간 채, 행복은 순수하게 장식적인 것이 되고 말았다. 우리의 삶을 미화하고 즐겁게 만드는 것이 행복의 유일한 목표가 된 셈이다. 행복이 가진 아름다움이란 고작해야 꽃들의 아름다움이 되었고, 행복의 크기 역시 실내에 들인 화분 정도의 크기가 되고 말았다.

철학자 한나 아렌트 역시 작은 행복들에 대한 열광을 프랑스인들의 특징으로 묘사한 바 있다. 그녀의 가차없는 진단은 다음과 같다. "작은 것들에 대한 현대적인 열광은 (…) 프랑스의 '소소한 행복(petit bonheur)'에서 고전적인 표현을 찾아냈다. 영광스러웠던 공적 영역이 쇠퇴하기 시작한 이래로 프랑스인들은 '작은 것들' 가운데서 행복해지는 기술의 장인으로 통하고 있다. 그들은 집 안에서, 침대와 장롱, 안락의자와 탁자, 개, 고양이 화분 따위에 둘러싸여 행복을 찾고 있는 것이다."[03] 우리는 '안락'한 행복 이외의 다른 행복을 요구할 대담함을 잃고 말았다. 그저 모든 것이 얌전히 제자리를 지키는 안락을 바라며, 방탕을 바라지도, 지나치게 큰 희망을 품지도 않는다. 사적인 영역 안으로 침잠해 들어갔고 그 안에서 '절대'는 왜소해진다. 이러한 경향성에 이끌려 우리가 찾아낸 새로운 열광의 대상이 바로 요리이다. 사람들은 어처구니없을 정도로 진지하게 요리에 임하기 시작했다. 마치 종교적인 의례를 수행하는 것처럼, 경건한 마음으로 화덕 앞에서 땀을 흘린다. 마치 행복의 여부가 이 요리에 달려있다는 듯이 말이다. 작은 행복들을 추구하는 프랑스, 요리가 이 나라의 중대 사들 중 하나가 될 것을 대체 누가 예상할 수 있었을까?

　다소 빈정거리는 투로 말하긴 했지만, 어쨌든 사람들이 장식적이고 가정적인 행복에 이토록 끌리게 되는 근본적인 원인은 어떤 고통에 있다고 생각한다. 이 고통은 행복에 대한 우리의 열망과 그러한 열망을 이루는 일의 어려움 사이에서, 곧 우리가 스스로 완벽하게 누릴 권리가 있다고 생각하는 열망과 정말이지 부당하다고 생각하는 어려움 사이의 모순에서 생겨난다. 어떻게 보면 행복이란 민주적인 질병인 셈이다. 행복에 대한 우리의 요구는 모든 인간은 자유롭게 태어나며, 또한 권리에 있어 평등하게 태어난다는 원칙에 근거를 두고 있다. 그리고 행복도 일종의 권리인 이상, 우리 모두는 행복을 요구하는 데 있어 다른 누구 못지않은 권리를 갖게 된다. 민주주의 체제는 행복을 하나의 공약처럼 내걸 뿐만 아니라, 바로 그러한 공약을 통해, 사람들로 하여금 항구적으로 "상대적인 좌절감"[04]을 겪게 만든다. 그 누구도 바라는 만큼 행복하지 못하며, 그 누구도 요구하는 것만큼 다른 이들과 동등하지는 않기 때문이다. 세상에 맞서—사회적, 정치적, 생물학적, 문화적으로—행복에 대한 우리의 자연적인 권리를 강경히 주장하지만, 그렇게 해서 우리가 확인하게 되는 것이라고는 세상은 최선이라 해봐야 우리에게 무심하며, 최악의 경우에는 적대적이라는 사실일 뿐이다.

우리는 민주주의, 정의, 기술 그리고 자연을 행복이란 관념에 결부했다. 그러나 결국 그것들이 행복을 보장해주지는 않는다는 점을 깨닫게 된다. 민주주의는 갈등의 장이고 자연은 재난을 가져다주며, 기술들은 채워줄 수 있는 것보다 더 많은 욕구를 낳는 것이다. 각종 제도 앞에서 부질없게도 행복에 대한 우리의 권리를 소리 높여 주장하지만, 어떤 제도도 우리를 만족시킬 수 없고 결국 알아서 행복을 추구해야 한다는 선택지만을 남긴다. 그렇게 우리는 "바깥"이 더는 확실하게 보장해주지 못하는 권리, 즉 행복에 관한 모종의 권리를 구체화시켜줄 수 있는 무엇을 "안"에서 찾게 되는 것이다. 그렇게 우리가 어디에 있고 어디를 향하는지조차 정확히 알지 못한 채, 우리 자신의 힘에 이끌려 방황하게 된다. 행복에 대한 요구를 유일한 나침반으로 삼은 채, 그리고 "그렇다는 믿음"에 대한 저 누그러지지 않는 욕구를 품은 채. 우리가 탈주술화(désenchantement)의 시대를 거쳐 미망에서 깨어났다는 것은 사실이 아니다. 그 반대로 우리는 영원한 주술적 매력에 대한 미칠 듯하고 혼란스러운 욕망에 사로잡혀 있다. 그리고 우리가 그러한 욕망을 충족시키기 위해 찾아낸 방식은 현실을 사진으로 대체하는 일이다.

어떤 이들은 끈에 묶이고 리본으로 장식된 이 아무것도 아닌 멋진 사진들 속에서, 우리 소비 사회의 끔찍한 일면을 볼지도 모르겠다. 소비 사회 속에서는 행복조차도 다른 것과 마찬가지로 하나의 상품에 불과하다는 것이다. 옳은 분석일지도 모르겠다. 하지만 어쨌든 우리 시대 사람들은 물질적인 쾌락을 즐기기보다는 다른 이들에게 좋은 인상을 주는 일에 더 골몰하고 있는 듯하다. 사람들은 행복을 요란하게 과시하는 일을 더는 용납하지 않으려 한다. 보란듯이 반짝이는 행복을 자랑하는 것은 유행이 지났다. 19세기의 미국을 탐방하며, 토크빌은 일찍이 민주주의가 새로운 형식의 행복을 가져오게 되리라는 것을 예언했다. 해당 현상의 위대한 보고자였던 그는 미국 사회가 모든 현대적 민주주의들이 결국은 도달할 수밖에 없는 종착점에 이르렀음을 보여주었다. 그에 따르면 미국을 지배하고 있는 물질주의는 "사치스러운 타락"이나 "화려한 퇴폐"[05]와는 조금도 상관이 없는 것이었다. 미국인들은 사치와 방탕에 빠져들었다기보다는 자신들의 삶을 '보기에 더 아름답고', '잘 정돈된' 것으로 만드는 데 열중하고 있었던 것이다.

한나 아렌트의 비판에도 신랄함이 모자라지는 않았지만, 어쨌든 토크빌은 그녀보다도 한참 이전에 놀라울 정도로 날카로운 통찰력을 갖고 민주주의란 작은 행복들이 펼치는 전제정임을 단언했다. "영혼은 작은 행복들에 집착한다. 영혼은 그것들을 매일같이 아주 가까운 곳에서 바라본다. 결국 이작은 행복들은 우리 영혼이 세상의 다른 것들을 바라보지 못하게 만들고 만다. 이따금 그것들은 우리 영혼과 주님 사이에 끼어들어, 우리와 그분 사이를 가로막기조차 한다."[06] 이 온건한 물질주의는 우리를 타락시키는 것이 아니라, 나약하게 만든다. 그것은 "대단히 조용하게, 우리 영혼에서 모든 기백을"[07] 없애버린다. 그것은 우리를 도취시키는 것이 아니라 잠들게 한다. 자잘한 행복들을 향한 이 열없는 정열, 존재를 보잘것없게 만드는 이 취향은 우리를 장식의 기쁨에 열광하게 만든다. 과거에 대한 돌아봄도, 미래에 대한 비전도 없는 이 행복은 오직 그 자신에 대한 바라봄 속에서 유지되는 것이다.("잠깐, 우리 사진 좀 찍어야겠어, 지금 너무 아름다운 걸.") 이 행복은 구체적인 내용을 갖지 않으며, 어떤 단호한 요구를 품지도 않는다. 이 행복한 순간의 아름다운 '표면'을 무겁게 하거나 부수려는 이는 아무도 없다. 행복한 이는 단 하나의 법에 복종하며, 그 법의 이름은 '원근법'이다. 이처럼, 물질주의가 발전 끝에 도달하게 된 최후의 형태는 물질의 승화에 대한 시도인지도 모르겠다. 사진을 통해 우리는 물질적인 것들을 시각 예술로 바꿔두려 하니 말이다. 멋진 사진을 찍기에 딱 좋은 것들이 있다, 들꽃으로 엮은 꽃다발, 노란색 담장, 모래 사장 위에 놓인 샌들, 그리고 그렇게 우리는 '행복'의 빛을 흠뻑 쐬게 된다.

삶을 피해 달아난, 행복의 새로운 로빈슨 크루소들

현실은 그 자체로 널리 알려질 자격이 있다. 그러나 우리는 현실을 묘사하기 위해, 수고롭게도 현실이 가진 날것의 성격을 지우려 하고 때로는 현실의 완고함과 현실이 가진 한계마저 지우고자 한다. 이러한 변조 작업이 끝난 뒤에야 행복한 순간을 맛보게 된다. 마치 현실이란 것이 그 안에서 우리가 아름다운 전경을 감상하면 그만인 관광지라도 되는 것처럼 말이다. 우리의 즐거움과 영혼의 상태는 그렇게 관광지 그림엽서에 새겨진 그림처럼 다른 이의 눈길을 끌만한 것이 되어야 하는 것이다. 과거에 '예술을 위한 예술' 운동이 있었던 것처럼, 우리 시대는 '행복을 위한 행복'의 시대이다. '예술을 위한 예술', 이 시학적 강령은 작가들에게 아무것도 이야기하지 말고 아무것도 묘사하지 말 것을, 어떤 주장도 옹호하지 말고 어떤 사유도 표명하지 말 것을 지시했었다. '행복을 위한 행복'이 우리에게 명하는 바도 크게 다르지 않다. 이에 따르면, 행복은 순수해야만 하고 전적으로 형식의 아름다움 속에 머물러 있어야 하며, 어떤 내용의 의미 작용 속에 있어서는 안 된다는 것이다. 그림처럼 아름다운 이 행복이 머무르는 곳은 이 세상의 바깥에 있는 피난처이다. 세상만사의 평범하고도 불안한 흐름에서 빠져나온 이 행복은 사진과 마찬가지로 결코 손상을 입을 수 없는 무엇이 된다. 그 술책은 다음과 같다. 이 세상 안에서 행복을 찾는 것이 아니라, 세상으로부터 행복을 추출해내어, 그것을 실제보다 더 추상적인 성상(聖像)으로 만들기. 왜냐하면 두말할 것도 없이 이 세상은 우리의 노고를 보람으로 갚지 않기 때문이다. 받은 만큼만 내어주고 뺏어간 만큼만 채워주는 것이 세상이다. 눈도 귀도 멀어 있는 이 세상은 행복해지고자 하는 욕망에 무심하다. 세상이 가진 사명은 우리의 소망을 반대하는 것도 아니고 이뤄주는 것도 아니다. 아니, 이 세상은 애초에 어떠한 사명도 갖지 않는다. 세상의 언어는 우리 의지의 언어와는 전혀 무관한 것이다.

설령 세상의 뜻이 우리들의 바람과 마침내 일치하는 순간이 있다고 하더라도 이는 우연에 지나지 않으며, 자주 일어나는 일도 아니다. 어원을 따져보았을 때, "행복(bonheur)"이란 단어는 실제로 "다행스럽고도 우연한 마주침"을 의미한다. 모든 종류의 행복한 경험 속에서, 우리는 실로 '행운'을 잡는 데 성공했다는 감정을 느끼게 된다. 마치 막 떠나려 하던 기차에 늦지 않게 올라탔을 때처럼 말이다. 여기서 행복은 '성공'이라는 관념과 '기회'를 잡아 그로부터 득을 볼 수 있었다는 관념과 뗄 수 없이 연결된다. 이때 삶은 우리에게 미소를 짓는다. 기적처럼, 우리가 바라던 일이 찾아오게 된 것이다. 그러나 실은 어떤 것도 이 행복한 결합을 의도적으로 주선하지는 않는다. 이 세상의 흐름은 우리를 염두에 두지 않고 전개되며, 현실은 우리를 아랑곳하지 않고 무심하게 전개된다. 이러한 사실을 단 한마디로 가장 훌륭하게 짚어낸 이는 사르트르이다. 그는 17세기의 모럴리스트들인 파스칼과 라 로슈푸코를 연상시키는 문장을 썼다. "미래는 불확실하고 우리 자신의 위험 부담이며, 세상은 우리의 재난이다."[08] 어떤 것도 확실하지 않다. 우리의 일도, 감정도, 모든 것이 불확실하다. 우리가 살아야 하는 현실은 우리를 위해 만들어지지 않았으며, 또한 욕망에 따라 질서 지어진 것도 아니다.

철학이 제시해줄 수 있었던 모든 견해들은 현실과 희망들 사이의 힘겨루기를 조망했고, 또한 그 무엇도 보장해줄 수 없는 우리들의 열망과 세상의 흐름 간의 다행스러운 만남의 가능성을 조망했다. 이 모든 견해들은 '안'과 '밖' 사이의 긴장과 '나'와 '세상' 사이의 긴장에 대한 해결책을 제시해주고자 했다. 그리고 여기서 '세상'이란 곧 물리적, 사회적, 지적, 재정적 제약들을 의미한다. 행복은 현실의 침묵과 현실에 대한 요구들 사이에서 머무를 곳을 찾으며 운을 시험하고자 한다.

그러나 세상은 기다리지도 않고 우리의 말을 듣지도 않는다. 우리의 모든 바람은 답장 없이 무시되는 편지와 같은 것이 된다. "이것은 세상에 부치는 나의 편지이다. 세상은 내게 결코 편지를 보낸 적이 없지만."[09] 에밀리 디킨슨의 이 시구는 설령 우리 자신은 신의 형상에 따라 창조되었을지언정, 이 세상은 우리의 모습을 따라 이루어지지 않았다는 점을 분명히 밝혀주고 있다. 세상은 우리에게 맞서 일어나며, 우리의 기도(企圖)들과는 무관하게 전개된다. 세상은 닫힌 문 내지 넘어서야 할 문턱이며, 신뢰할 수 없는 동맹이고 대개는 위험하다.

상존하는 저 파멸의 위협에서 우리를 빼내고 현실의 질서와 우리 욕망의 질서 사이의 괴리가 원인이 되는 끔찍한 불안을 예방할 길을 궁리한 끝에 행복의 상인들은 다음과 같은 해결책을 찾아냈다. '행복해지기를 포기하느니, 현실을 포기해버립시다!' 더는 운명에 도전하려 해서는 안 될 것이며, 행복해지기 위한 환경을 변화가 많고 보람은 적은 이 삶 속에 마련하려 드는 것 역시 무의미하리라는 얘기다. 우리의 관심사는 이제 다만 삶으로부터 행복을 '추출'해내는 일이 된다. 삶은 움직임이라고들 한다. 실로 삶이란 욕망의 움직임이고 따라서 걱정의 움직임이기도 하다.[10] 이는 우리의 소망들이 좌절되기 쉽고 성취여부가 불확실하다는 것이 사실인 것만큼이나 사실이다. 좋다, 그럼 저 움직임을 그리고 그에 수반하는 모든 끔찍한 불확실성을 없애버리도록 하자. 행복을 아름다운 정물화나 수집판에 핀으로 꽂아 넣은 희귀한 나비 표본과 같은 것으로 만들도록 하자. 우리들의 행복을 무균 인큐베이터와 같은 것으로 만들고 불가침의 기쁨이라는 석관 안에 자진해 갇히도록 하자. 모든 희망들에서 해방되고 영원한 왕국들 혹은 도래할 왕국들에 대한 모든 기대로부터 벗어나도록 하자. 그러나 일단 그렇게 되고 나면, 이후로는 오직 우리 자신만이 그리고 우리들의 현재라는 작고 예쁜 정원만이 유일한 행동 영역으로 남게 될 것이고 우리가 받아들이게 될 유일한 용기는 우리 자신을 긍정할 용기가 되고 말리라.

현대의 개인은 자기중심적인 인간 정도가 아니라, 세상과 동떨어진 채로 자신만의 요새에 갇혀버린 인간이다. 그는 더는 정치적인 공간에도, 종교적인 공간에도, 현실에도, 심지어는 상상계에도 머무르지 않는다. 그가 자리를 잡는 공간은 다만 자기 자신과 다른 이들에게서 얻기를 기대하는 인정일 따름이다. 왼쪽 얼굴과 오른쪽 얼굴을 번갈아 내보이는 야누스처럼, 그는 자폐와 자기 노출 사이를 오간다. 그렇게 그는 고요한 행복의 인큐베이터 안에서 명상에 잠기는 일과 다른 이들과의 상호작용 속에서 인정을 갈구하는 일을 번갈아 반복하는 것이다. 여기서 우리는 개인의 인간성이 그의 행동들과 선택지들로("좋아"와 "싫어"로) 환원되어 버리는 것을 목도하게 된다. 개인은 그야말로 '온갖' 것에 대한 자신의 선택들로 환원된 채, 순간 속에 사로잡히게 된다. 그는 그렇게 자신의 모습을 지나치다 싶을 정도로 적나라하게 드러내게 되지만, 그렇게 드러난 그의 모습에서 진면목은 결코 충분히 드러나지 않는다. 클릭 몇 번을 통해, 사진 몇 장을 통해, 우리는 어떤 이가 가진 욕망의 목록을 확인할 수 있고 그의 활동이 거둔 성과들을 한눈에 파악할 수도 있다. 그러나 이를 통해 우리가 알 수 있는 것이라고는 그에 관해 모든 이야기를 들었지만 여전히 그를 거의 알지 못한다는 사실뿐이다. 이러한 과정 속에서 개인의 내적인 삶은 그 구불구불함과 모순과 완만함과 특이성이 초라해지고 만다. 현실과 시간에 등을 돌린 피난처에 자리잡고 있는 저 행복의 유토피아가 지닌 이름은 '행동주의'이다. 행동주의적인 사고 속에서 존재는 다만 존재의 현현들로 환원되며, 영혼은 다만 일련의 취향들과 기능들, 그리고 잠재적인 기능장애들로 환원되게 된다. 병적인 상태와 바람직한 상태, 스트레스와 기쁨, 이제 우리의 존재는 저 둘 사이에서 전개되다가, 결국은 두세 개의 '권장 행동'이자 '실천 과제'들을 향해 끌려가게 된다.

행동주의라는 이 기발한 묘수에 박수를 보내도록 하자. 뭐가 어쨌든 이것이 경탄스러운 요술이라는 것은 사실이니까. 그간 온갖 사조에 속한 수많은 철학자들과 현인들은 무자비한 현실의 법과 쾌락 원칙을 조화시키기 위해 수많은 시도들을 펼쳤고 이가 박살날 정도로 고뇌했었다. 그리고 이 문제에 있어, 21세기는 앞선 세기들보다 한결 급진적인 다음과 같은 해결책을 창안해낸 셈이다. '현실이 우리의 행복에 위협이 된다고? 그럼 현실을 없애버리자.' 행복을 괄호 안에 넣고 종으로 덮어 보호하도록 하자. 그러면 우리는 불행으로부터, 그리고 삶 그 자체로부터 치유될 수 있으리라. "진정으로 치유되고자 한다면, 당신은 당신에게서 삶을 뽑아내야 한다"[11]지 않은가. 진정으로 행복해지기 위해 우리는 행복을 삶 자체로부터, 그리고 삶이 가질 수 있는 걸리적거리고 흉한 측면들로부터 보호해야 한다. 우리가 삶의 각종 '치료법'에서 기대하는 효과가 바로 그러한 것이다. 우리를 상처 입히고 괴롭게 하고 불안하게 하고 약하게 만들 수 있는 모든 것으로부터 달아남으로써 건강을 보호하는 것처럼 행복을 보호하고 가꾸기. 따라서 우리는 삶 자체로부터, 삶이 가질 수 있는 불확실성과 간간이 삶이 가져다줄 수 있는 고통에서 보호된 채로 행복을 경험한다. 한데 니체는 이와 같은 행복의 요새를 조롱했고 그의 조롱은 정당하다. 니체에 따르면 우리는 "삶이 고달팠던 고장들을 버리고" 떠나, 현실이 가하는 제약들이 더 적은 살기 좋은 지역에 정착했다. 한데 그러한 곳에서 이 세상은 거의 완전히 모습을 감추게 된다. 우리의 탈난 위장이 받아들이기에 이 세상은 너무나 무겁고 거친 것이며, "우리의 소화력을 악화시켜서는 안 될 것이기"[12] 때문이다.

실제로 삶에는 모종의 어려움이 상존하고, 이 어려움은 삶에 본원적인 상처와도 같은 고통스러운 기반을 마련한다.

그것은 내 동의를 구한 적이 없지만 내가 받아들여야만 하는 삶의 일부이다. 그것을 원하거나 거절할 수 있는 선택지가 주어진 적이 없는 그런 삶의 일부분 말이다. 예컨대 나는 나의 삶을 즉 태어났다는 사실을 어쩔 수 없이 수용해야 하며, 내가 태어난 장소, 나의 가족 역시 주어진 대로 받아들여야만 한다. 나는 또한 천성과 신체 조건을 받아들여야 하고 무엇을 하든 상관없이 비가역적으로 흘러가는 이 시간을 받아들여야 한다. 나의 자유는 곧바로 모든 종류의 필연과 드잡이를 하게 된다. 그러나 사람들은 모든 필연들을 인위적으로 제거할 수 있다는 믿음을 품고 있다. 그들은 현재적인 순간에 집중함으로써 지금 이 순간을 완전한 자유가 돌발하는 장소로 만들고자 한다. 그들이 꿈꾸는 자유는 다른 모든 것에 우선하고 어떤 제약도 받지 않는 자유이며, 스스로 자기 자신과 자신의 실현 조건들을 만들어내는 무로부터의(ex nihilo) 자유이다. 이러한 시도 속에서, 그들은 '지금'과 '여기'에 대한 저 닻 내림 덕분에 스스로 속박과 제약에서 벗어나게 되었다고 생각하게 된다. 마치 무중력 상태에 들어가기라도 한 것처럼, 그들 스스로 경쾌한 순수함과 경쾌한 전능을 얻은 것처럼 생각하게 된다.

파스칼이 『팡세』에서 기술한 저 유명한 '위락(慰樂)'이라는 개념을 떠올려 보자. 널리 알려진 설명에 따르면, 위락(divertissement)이란 죽음으로부터, 모든 것의 불가피한 끝으로부터 눈을 돌리게(divertir) 만드는 것을 목적으로 한 활동이다. 그러나 파스칼이 '위락'이란 개념을 통해 실제로 내린 진단은 위와 같은 정의보다 더 무겁고 더 정묘한 것처럼 보인다. 엄밀히 말해 위락은(그리고 위락에 대한 열중은) 우리가 죽게 되리라는 사실을 잊게 만드는 것을 목적으로 삼지 않는다. 그것의 목적은 삶 자체로부터, 삶이 가질 수 있는 무의미와 공허로부터 눈을 돌리게 만드는 것이다. "위락. 죽음에서, 비참에서, 무지에서 치유될 수 없었던 인간들은 행복해지기 위해 이에 대한 생각을 조금도 하지 않겠다는 생각을 떠올리게 되었다. 온갖 비참에도 불구하고 사람은 행복해지길 바라고 행복해지기만을 바라며, 행복해지기를 바라지 않을 수가 없다. 한데 사람은 어떻게 행복해질 수가 있을까? 진정으로 행복해지려면, 그는 자기 스스로를 불멸의 존재로 만들어야 할 것이다. 그러나 그러한 일은 불가능하기에 그는 이에 대한 생각을 스스로 금하겠다는 생각을 떠올리게 되었다."[13] 따라서 '위락'이란 너무나 많은 경우에 보잘것없고 실망스러운 현실을, 그러한 현실 자체를 행복을 위해 슬쩍 감춰버리는 일이다. 여기서 혹자는 현실과 무관하게, 우리의 존재에는 이미 환희가 내포되어 있을 수 있다고 반박하고 싶을지도 모르겠다. 그러나 파스칼은 이에 대한 반론 역시 적소에 제시하고 있다. "만약 우리의 존재 조건이 진정으로 행복하다면, 그에 대한 생각에서 결코 주의를 돌리지 않을 터"[14]이고 그것을 정면으로 마주하지 않기 위해 우리 나날을 허비하지도 않을 터이다. 삶 자체로부터 격리되어, 행복의 인큐베이터 안에 갇힌 채로 완벽하게 밀폐된 이 '현재' 안에 갇힌 채로 나는 나 자신에게 상냥한 어조로 이런 말을 반복할 수 있을 것이다. "나는 존재한다. 부드럽다, 너무나도 부드럽고 너무나도 완만하다. 그리고 가볍다. 그것은 마치 다른 무엇도 없이 홀로 저 대기 중에 매달린 듯하다."[15] 이러한 것이 행복의 상인들이 판매하는 행복이다. 그것은 자기 앞에 다른 어떤 것도 대동하지 않은 채, 오직 홀로 대기 중에 매달린 무엇이다.

현실과 담을 쌓은 이 행복은 사실 저 콘템프투스 문디(contemptus mundi, '세상에 대한 경멸')의 이론, 혹은 "세상으로부터의 탈주"와 크게 동떨어져 있지 않다. 4세기의 사막 교부들이 옹호했던 "세상으로부터의 탈주"는 17세기에 이르러 다시금 사상가들에게 차용되었다. 속세의 헛된 것들과 인간 정념의 곰팡내로부터 등을 돌린, 수도원 생활의 이상의 영향이 여전히 강하게 남아있던 이 "세상으로부터의 탈주"라는 생각에 기반하여 파스칼, 라신, 라 로슈푸코, 보쉬에의 '위대한 세기'[5]는 세속적인 인간의 존재에 대한 경멸을 발전시켰다. 곧 근심, 끊임없는 계산 및 협소한 쾌락들로 이루어진 존재에 대한 경멸을 말이다. 세속적인 인간의 존재에 있어 모든 것은 다만 비본질적인 것에 관한 근심이며, 진정으로 중요

---

5. 루이14세가 통치하던 프랑스의 17세기 후반을 말한다.

한 것에 대한 망각에 지나지 않는다. 파스칼 역시 다음과 같은 말로 이를 강하게 비판했다. "사람들은 아주 어린 시절부터 자신의 명예, 자산, 친구들을 신경써 관리하도록 교육받고 나아가 자기 친구들의 자산과 명예에도 신경을 쓰도록 교육받는다. (…) 그들은 자신과 자기 친구들의 건강, 명예, 자산이 좋은 상태에 있지 않으면 행복할 수가 없으며, 이 중 하나라도 결핍된다면 불행해질 것이라고 교육받는다. (…) 보라, 이는 행복해지기 위한 방법이라고 하기에는 참으로 기이하지 않은가."[16]

이는 우리가 어딘가에 신경을 쓰는 일과 행복을 혼동하고 있다는 것을 의미하고 각종 활동들을 늘림으로써 즐거움을 배가할 수 있다고 생각함을 의미한다. 또한 불행이란 것은 오직 무위에서 오는 것이라고 생각함을 의미한다. 그러나 행복해지기 위해 필요한 것은 정반대로 어딘가에 신경을 쓰는 일의 부재를 견디는 일이고 그렇게 움직임 없음과 휴식 속에서 살아가는 일이다. "이따금 나는 사람들이 일으키는 다양한 소란들을 그들이 궁정과 전장에서 겪는 각종 위기와 곤란들을 생각해보곤 한다. 궁정과 전장에서는 수많은 싸움들이 벌어지고 정념들이 일어나며, 대개는 음모에 해당하는 갖가지 무모한 시도들이 펼쳐진다. 이와 같은 점들에 대해 고찰을 해볼 때마다, 내게는 이런 생각이 들곤 한다. 인간의 모든 불행이란, 어쩌면 그들이 방 안에서 휴식 속에 머무는 법을 모른다는 점, 오직 그러한 점에서 유래하는 것은 아닐까."[17] 따라서, 비종교적이고 세속적인 남녀를 포함한 모든 이에게 권장해야 할 삶의 방식은 수도사들의 삶의 방식과 같은—파스칼이 말하는 '방'이 수도원 독방의 대체물임을 어찌 몰라볼 수 있단 말인가—영적이고 거룩한 삶의 방식이다. 세상에 등을 돌리는 이러한 방식 안에 행복 전체가 걸려있다. 파스칼을 읽다 보면, 그의 작품에서 특히 중요한 부분, 곧 그가 대단히 강렬하고 격한 필치로 인간 조건의 불행을 묘사하는 부분에 주의를 집중하게 된다. 이에 따르면 인생은 결국은 비극으로 끝날 수밖에 없는 연극에 해당한다. "극의 나머지 모든 부분이 아무리 아름다운 것이었다 하더라도, 이 연극의 종막은 참혹한 것일 수밖에 없다. 결국 우리는 무덤에 눕게 될 것이고 매장인들이 우리 머리 위에 흙을 덮어줄 것이다. 그렇게 되면, 영영 끝이다."[18] 하지만 불행에 대한 파스칼의 진단에만 집중하다 보면, 우리는 파스칼이 제안한 치료법을 망각하게 된다. 불행에 대해 그가 처방하는 철학적 치료제는 근심을 떨치는 일에 집중한 존재의 고요 속에서 살아가며, 신에 대한 두려움을 제외한 모든 걱정을 멈추는 일이다. "우리는 조금도 과거에 신경써서는 안 된다. 왜냐하면 과거에 신경써봐야 우리가 가질 수 있는 것은 지난 잘못들에 대한 후회뿐이기 때문이다. 우리는 또한 미래에 대해서는 과거에 대해서보다도 더 무심해야 한다. 왜냐하면 미래란 아직 그 어떤 것도 아니며,

우리가 저 미래에 도달할 수 있을지조차도 불확실하기 때문이다. 진정으로 우리의 것이라고 할 수 있는 시간은 오직 현재뿐이다. 그리고 이 현재는 주님의 뜻에 따라 사용해야 한다."[19] 현재에 충실하라는 파스칼의 이 명령은 대체 어떤 역사적인 변천과 사상의 흐름에 따른 것인지는 모르겠으나, 의무적인 행복을 외치는 우리의 문화가 대단히 가톨릭적이었던 세기의 금욕적 정신에서 탄생했던 견해와 이웃한 곳에 위치해 있다는 점을 보여준다.

우리는 현실에서 빠져나와, 현실의 공격들을 피할 수 있는 피난처로 향하길 원한다. 사실상 우리가 바라는 것은 어떠한 삶의 무게도 느끼는 일 없이 오직 들숨과 날숨의 흐름으로 환원된 몸, 거의 비물질적인 것이 된 몸을 갖고 그리고 생각을 해야 할 필요에서조차 자유로워진 정신을 갖고 지상의 천사들과 같은 삶을 영위하는 일이다. 행복에 관한 우리들의 종교는 참살이의 천사들을 믿는 종교이다. 이 종교에서 신은 부인되지 않지만, 그의 의미는 다만 자비로운 존재로 축소된다. 이 종교의 구원은 자아실현이다. 예수 그리스도의 의미는 다만 완전하게 자기를 실현한 모범적인 인간이자 자기계발에 성공한 하나의 표본으로 격하된다. '지금'과 '여기'는 다른 기체와 화학 반응을 일으키지 않는 비활성 기체의 마법 같은 꿋꿋함을 획득하게 된다. 우리는 '지금'과 '여기'의 질료 없는 현전을 통해 과거도 미래도 없이 슬픔도 욕망도 없이 치품천사

들의 대열에 오를 수가 있는 것이다. 17세기의 견해들 역시
망각되지는 않지만, 이 견해들은 오늘날 행복의 종교 속에서
17세기 당시에 옹호했던 주장들과는 전혀 다른 주장들을 방
어하기 위해 차용된다. 세상을 벗어난 행복에 대한 파스칼의
권고가, 오늘날 인큐베이터 속에 갇힌 긍정 일변도의 주름 없
는 행복을 옹호하는 자들에 의해 열렬히 환영받게 될 줄을 대
체 누가 예상할 수 있었을까? 21세기의 쾌락주의는 과연 얀
센주의적인 것이란 말인가?

즉각적인 현재에 대한 집중, 자신의 생각보다는 자신의
호흡에 집중하는 이 수련은 오늘날 모든 곳에서 실행되고 있
다. 미래에 대한 계획도 과거에 대한 후회도 없이 참살이의
인큐베이터 안에 단단히 밀봉된 채, 사람들은 '지금 이 순간'
에 스스로를 동여맨다. 마치 그것이 그가 구원을 찾을 수 있
는 최후의 기회이자 유일한 현실인 것처럼 말이다. 우리 자신
의 존재라는 섬에 자리잡은 로빈슨 크루소들처럼, 우리는 자
신의 행복을 만들어내는 일에 전념하고 있다. 어쩌면 "자기
자신에 집중하라"는 행복의 종교의 권고는 "초연결된" 사회
속에서 동요를 겪는 현대인의 정신에 '멈춤'이 가져다주는 갖
가지 효용들을 밝혀주는 순기능을 갖고 있는 것인지도 모르
겠다. 그러나 행복의 종교의 야심은 여기서 멈추지 않는다.
행복의 종교의 야망은 그 치료법을 통해 사람들에게 심어진
스트레스에 대한 면역성을 기존의 '내면적인 삶'에 준하는 무

엇으로 만드는 것에 있다. 그렇게 행복의 종교는 우리에게 신도 정신도 없는 영성을, 들숨과 날숨에 대한 주의 집중을, 온갖 생각, 반성, 질문들을 마음속에서 비워내어 '공'(空)을 추구하는 능력을 권고한다. 사람들을 행복하게 만드는 행동들과 조치들을 규정하고자 하는 긍정 심리학은 그렇게 인생 계획의 자리를 차지하게 된다. 긍정 심리학은 한낱 해수(海水) 요법과는 비교도 되지 않는 중요성을 가진 무엇이 되었으며, 거의 철학에 준하는 위상을 갖게 되었다. 하지만 설령 오직 현재에 집중된 존재를 살라는 이 명령들이 마음의 병을 예방하고 행동을 교정하는 기능을 갖고 있다고 하더라도—어쨌든 긍정성을 중시하고 현기증과 걱정거리를 줄이는 일은 건전하지 않은가?—이 명령들은 실제 현실과 맞서는 데는 철저하게 무력하다. 고약하고 공격적인 불행이라도 닥치게 되면, 어려움이 일거나 사람을 예속시키는 일이라도 벌어지게 되면, 이러한 권장사항들은 대번에 웃음거리가 되고 누구에게도 도움이 되지 않는 것처럼 보이게 되는 것이다. 이미 행복한 이들을 제외하면 말이다. 쓰라린 고통과 쇠락을 겪고 있는 존재에게, 현재를 살아가는 것에 관한 이 세련된 기술이 대체 어떤 효용을 가질 수 있을까?

게다가 솔직하게 말해, 행복이란 다른 무엇보다도 다른 이들의 행복을 의미한다. 오직 타인의 행복만이 완전한 것으로 보이는 반면, 우리 자신의 행복 안에는 언제나 그 행복을 망치는 고통스러운 의혹이 포함되어 있다. 곧 '내 행복은 과연 얼마나 오래갈 수 있을까?'라는 의혹 말이다. 이웃의 행복에 대해서는 그러한 의심을 품지 않으므로 우리는 그 행복을 순수한 것으로 상상하게 된다. 한마디로 이웃의 행복을 부러워하게 되는 것이다. 지옥은 다른 이들 자체가 아니라 그들의 행복이다. 만약 기원전에 플라우투스가 처음 썼고 17세기에 홉스가 인용한 바 있는 오래된 격언인 "인간은 인간에게 늑대다"라는 말이 사실이라면, 그것은 인간이 다른 인간에게 있어 못된 존재이기 때문이 아니라, 질투하는 존재이기 때문이다. 질투는 오직 평등의 기반 위에서만 태어난다. '어째서 어떤 이들에게는 그러한 것들을 누릴 권리가 있고 내게는 그러한 권리가 없단 말인가?' 그러한 부당한 특권은 어떠한 말로도 정당화할 수 없으며, 모두의 행복이 아닌 행복은 어떤 논리로도 허용될 수 없다는 것이다. "이러한 자격의 평등으로부터, 각자의 목표들을 달성하고자 하는 희망에 있어서의 평등이 유래한다. 그러한 이유로 만약 두 사람이 같은 것을 욕망하는데, 두 사람이 함께 그것을 누리는 일이 불가능하다면, 그때 그들은 서로의 적이 되는 것이다. 그렇게 그들 각자는 자신의 목표를 추구하는 과정 속에서—간혹 목표의 추구가 양자에게 있어 다만 흥밋거리에 지나지 않을 때도 있지만—서로를 파괴하거나 지배하기 위해 힘을 쏟게 된다."[20]

파괴 욕망은 따라서 행복해지고자 하는 욕망 안에서 원천을 찾게 된다. 사람은 오직 다른 이들의 운명을 부러워할 일이 없을 때에만 자신의 운명에 만족할 수 있다. 사람은 오직 이웃보다 더 행복한 경우에만 행복할 수 있는 것이다. 그렇게 그는 좌절에서 질투로 나아가고 다시 질투에서 좌절로 나아간다. 행복한 순간을 사진으로 만들고 다시 그 사진을 SNS에 게재함으로써 우리는 행복을 오직 다른 이들에게서만 찾아볼 수 있는 저 완벽한 행복에 일치시키고자 한다. 우리 눈에는 이웃집 정원의 풀잎마저도 필연적으로 더 푸르러 보이는 법이다. 외부에서 바라볼 때에 타인의 행복은 언제나 순수하고도 구김살 하나 없이 매끈해 보인다. 어쩌면 여기서 우리가 목도하게 되는 것은 마르크스적인 의미에서 진정 행복의 '이데올로기'라고 부를 수 있는 것의 효과 내지 발현들인지도 모르겠다. 이데올로기란 무엇인가? 이데올로기란 이 세계의 갈등들을 감추고 세계의 결함과 빈곤을 가리기 위해 사용되는 가림막과도 같은 현실, 곧 사람의 마음을 안심시켜주지만 어쨌든 결국은 거짓된 것에 불과한 어떤 현실인식을 가리킨다. 이데올로기를 통해 현실은 보다 평탄한 모습으로 재구성되며, 그렇게 우리 눈에 한결 수용할 수 있을 만한 것처럼 보이게 된다. 사람들은 더는 현실에 고통 받지 않고 만족하는 법을 배우게 된다. 사람들은 슬퍼하는 것을 멈추게 되고 현실을 받아들이고자 노력하게 된다. 이와 같은 이데올로기적인 기능을 갖고 사람들의 정신을 마비시킨다고 마르크스가 비판했던 대상은 그리스도교와 철학적 관념론이었다. 실제로 우리는 종교란 "인민의 아편"이라는 마르크스의 유명한 외침을 알고 있다. 오늘날에 있어, '인민의 아편'[21] 역할을 수행하고 있는 것은 '행복'이다. 행복은 오늘날 하나의 종교로 승격된 것이다. 그리고 이 행복의 종교가 초래한 결과는 어쨌든 마르크스가 기성 종교에서 관찰했던 바에 비할 만하다. 행복의 종교에서는 매혹적인 현재를 위해 현실이 사라진다. 행복의 종교에서는 '현재'가, 그리고 오직 현재만이 모든 약속들의 실현이자 모든 기쁨들의 영역이 되고 만다.

몰입(Flow) : 행복해지길 원한다면, 행복하게 되시오

우리가 행복을 원할 때, 무엇을 원하는 것인가? 무엇을 열망하는가? 사람들은 어떤 느낌을 기술하면서 스스로 이 질문에 답한다고 믿는다. 왜냐하면 분명 행복에는 그에 고유한 감정이란 것이 존재하기 때문이다. 그것은 어떠한 감정인가? 그것은 안락과 만족감, 환희와 정신의 이완감이 섞인 감정이다. 그러나 이러한 감정에 대한 묘사를 듣는다고 해서 행복에 대한 우리의 욕망이 이해되는 것은 아니다. 이는 음료에 대한 묘사를 듣는다고 해서 '갈증'이란 것을 이해할 수는 없는 것과 마찬가지이다. 우리가 경험하는 그때그때의 만족감은 행복으로 통하는 길을 열어주지만, 행복이란 어쨌든 그때그때의 만족들을 초월하는 무엇이다. 일시적인 만족감들이 행복의 모습을 드러내주는 것은 사실이지만, 행복이란 것은 저 순간적인 만족감들의 총합보다도 더 큰 것이며, 결코 이들과 더

불어 끝을 보이지 않는다. 신비로운 일이다. 우리의 만족감들은 다만 행복의 신호에 지나지 않는 것으로 보인다. 만족감들을 모두 모은들 그것들이 행복의 '전체'를 이루지는 않는 것이다. 물론 개별적인 만족감들이 행복을 가리키고 행복의 요체를 그려내는 것은 사실이지만, 어쨌든 이 만족감들은 결코 행복의 전체 모습을 샅샅이 드러내줄 수가 없다. 따라서 이따금씩, 어떤 때에만 행복하다는 것은 불가능하다. 행복하다는 것은 그 이상을 의미한다. 그것은 또 다른 존재 방식이 가능하다는 발견이다. 우리는 행복한 경험들을 통해 저 보다 높은 곳에 위치한 존재의 차원을 어렴풋이 느끼게 된다. 이 신비, 삶의 위대함에 관한 이 계시. 행복해지려면 무엇을 해야 하는가를 가르치는 것을 목표로 삼는 심리학은 이와 같은 신비와 계시를 인지하지 못한다.

만약 우리가 오직 사실을 따지는 것으로 만족한다면, 그리고 우리가 오직 우리의 지각만을 점검하는 것으로 만족한다면, 행복이란 것은 실제로 안락과 크게 다르지 않다. 안락이란 용이함과 유동성의 느낌이며, 순풍을 받고 순탄하게 흘러가는 듯한 삶의 감각이다. 이러한 관점에서 보면, 행복이란 일종의 활주(滑走) 스포츠에 빗댈 수 있다. 이때 중요한 것은 우리 각자가 활주에 적합한 좋은 장소를 찾아내는 일, 곧 우리로 하여금 안락과 즐거움, 만족이 섞인 성공의 경험을 가져다줄 수 있는 적절한 활동을 가려내는 일이 된다. 중요한 것은 파도를 타는 법, 물결의 출렁임을 음미하는 법을 배우는 일이다. 이때 철학은 버려야 한다. 철학은 언제나 궁극적인 의미와 모든 것의 이유를, 삶의 이유를, 살아있는 모든 것의 존재 이유를 묻기 때문이다. 행복은 실천에 달려 있다는 이러한 식의 생각은 솔직히 말해 우리 마음을 가볍게 해주는 구석이 있다. 이에 따르면 행복이란 다만 두세 가지의 행동 양식에 혹은 받아들여야 할 습관이나 몇 가지 태도에 달려 있는 것이다. 행복을 추구하는 데 있어 과학을 신임할 수 있다는 사실은 우리를 안심시킨다. 한데 이때 과학이란 소위 '행복의 과학'을 말하는 것이며, 이 '과학'의 지분 대부분을 차지한다고 자처하는 있는 것은 긍정 심리학이다. 그리고 이 분야에서 가장 큰 설득력을 가진 이론은 몰입 이론이다. 이는 마치 "흐름"과 같은 것으로 상정된 행복에 관한 이론이며, 마치 활주의 기술과도 같은 행복 이론에 해당한다.

긍정 심리학의 독창성은 그것이 병리학에 곧 갖가지 불행과 우울증들에 관심을 보이는 것이 아니라, 사람이 자신의 최상의 상태를 경험하는 상황을 묘사하는 데 관심을 보인다는 사실에 있다. 긍정 심리학의 창시자들 중 한 사람이 바로 미국의 심리학자인 미하이 칙센트미하이[22]이다. 그의 관찰의 출발점은—메달의 획득 여부와는 무관하게—운동선수가 느끼는 승리의 감정이었다. 그것은 흥분된 제스처와 함께 운동선수가 "좋았어!(Yes!)"라고 외칠 때 느끼는 감정이다. 이 감정은 "최적 경험"이라는 것과 관련된다. 최적 경험은 우리가 좋은 기분을 가질 수 있게 해주고 우리에게 자기제어와 자유로움이 조화를 이루고 있다는 느낌을 가져다준다. 한편, 극도의 집중상태 역시 최적 경험과 마찬가지의 효용을 제공한다. 극도의 집중은 모든 시간의 개념을 잊게 하며, 또한 우리가 스스로의 잠재력이 남김없이 개화함을 느끼는 동시에 우리 자신을 잊도록 만든다. "이는 바람이 얼굴을 때릴 때 항해자가 느끼게 되는 감정이다"[23]라고 칙센트미하이는 말한다. 이는 어떤 일에 완전히 매달릴 때 느끼게 되는 감정이다. 우리의 마음을 온통 사로잡으며 만족을 가져다주는 어떤 일, 손쉽게 해결할 수 있는 것은 아니나 불안과 스트레스가 따르지는 않는 어떤 일에 우리가 철저한 노력을 기울일 때 말이다.

그렇게 행복은 이제 "자족적인 활동"의 실천 안에 자리를 잡게 된다. 자족적인 활동이란 곧 결과야 어찌되었든—실패든 성공이든, 인정을 받든 무명으로 남든—그 자체로 순수한 만족을 가져다주는 활동이다. 물어뜯기듯 고통스러운 후회로부터도 자유롭고 언제나 다소간에 불만스러울 수밖에 없는 욕망의 전진으로부터도 자유로운, 순수한 만족을 말이다. 자족적인 활동 속에서 우리는 우리가 하는 일에 완벽하게 만족한다. 우리는 어떤 유보도 없이 그 일에 참여할 것을 결심하고 또 결심한다. 행복은 우리의 가능성들과 그 가능성들을 발전시킬 수 있는 기회들 사이의 완전한 일치에서 탄생한다. 이 행복은 완벽주의와도, 영혼의 평정과도 무관하다. 이 행복은 환희도 두려움도 없는 부드럽고도 유동적인 성공의 감각과 같은 것이 될 것이다.

칙센트미하이의 행복의 이론에 있어, 우리가 행복해지고자 하는 이유가 무엇인지를 따지는 일, 행복의 목표를 따지는 일, 혹은 행복에 관해 우리가 품고 있는 기대가 무엇인지를 따지는 일은 조금도 중요하지 않다. 여기서 중요한 것은 과연 어떠한 활동이 우리에게 가장 큰 즐거움을 가져다줄 수 있는지를 파악하는 일이다. 그리고 이 활동은 과도함에 대해서도 단조로움에 대해서도 똑같이 거리를 두고 있는 활동이어야 한다. 그러한 활동이 우리에게 불러일으키는 내면의 상태를, 어린 시절에 우리가 놀이에 열중하며 느꼈던 감정에 빗댈 수 있을 것이다. 어린 시절에 우리는 진지함과 가벼움을 동시에 가진 태도로 놀이에 임했으며, 우리 주변의 모든 것을 잊어버릴 정도로 체험중인 경험에 완전히 몰입하곤 했었다. 칙센트미하이와 그의 추종자들이 주장하는 행복도, 이와 마찬가지로 즐김과 집중 사이의 중간 길에 위치해있다. 처음에 이 행복은 모든 제약으로부터 풀려났다는 해방감을 얻게 된다. 다음으로 이 행복은 무엇인가를 성취하고 아무런 목적도 없는 하찮은 일들로는 만족할 수가 없다는 느낌을 얻게 된다. 그리고 이 시점에서, 칙센트미하이의 행복은 놀이보다는 노동에 더 가까운 것이 된다.

볼테르의 『캉디드』에는 "우리의 정원을 가꾸어야 한다"는 유명한 구절이 있다. 그러한 주장의 현대판이라고 할 수 있는 '몰입(Flow)' 이론은 우리에게 존재 위에서 서핑을 할 것을 그리고 자족적인 활동들을 중시할 것을 권고한다. 자족적인 활동들 사이에는 어떠한 위계질서도 성립하지 않으며, 여기에는 어떠한 가치 판단도 적용되지 않는다. 노래 부르기, 뜨개질하기, 정원 가꾸기, 이탈리아어 배우기, 친구들과 세상이 어떻게 바뀌어야 하는지에 관해 토론하기, 감사하기, 감탄하기, 이 모든 것들은 서로 간에 우열을 가릴 수 없는 자족적인 활동들이다. 모든 자족적인 활동은 즉시 우리의 존재에 섬세하고도 다소곳하며 찬양받을 만한 성격인 유동성을 부여한다. 즐기지도 않고 고통 받지도 않으면서, '몰입'하는 인간은 평온한 마음으로 자기 행복을 갈고 닦는다. 이 과정에서 그는 '활동'들을 추구하지만 '위업'의 달성은 피하고 만족하는 것을 연습하며 불타는 정념에는 등을 돌린다. 그가 추구하는 목표는 쾌락의 수를 늘리거나 쾌락의 강도를 높이는 것이 아니다. 그의 목표는 건전하고 균형 잡힌 만족감을 얻는 일, 모든 것이 잘 기능하는 데서 오는 만족감이나 약간 크고 열광적인 기쁨에서 오는 만족감보다는 약간 작은 만족감을 얻는 일이다.

몰입이란 우리에게 그러한 만족감을 가져다줄 수 있는 최적의 상태를 지칭한다. 몰입은 누군가가 훌륭한 성과를 낸다거나 스스로의 한계를 초월할 때의 상태가 아니다. 몰입은 누군가가 자신이 가장 잘하는 일을 또한 지나치게 쉽지도 않고 고통스러울 정도로 어렵지도 않은 일을 최대한 수월하게 행할 때의 상태이다. 그것은 들뜬 환희의 상태도 아니고 모든 긴장이 풀린 단순한 무기력의 상태도 아니다. 노력의 강도는 그가 이루고자 하는 목표의 성격에 따라 과정별로 섬세히 조절되어야 한다. 일에는 권태를 쫓아버리는 데 필요한 만큼의 긴장과 함의가 필요하며, 사람에게는 두려움을 쫓아버리고 만족감을 확실하게 만드는 데 필요한 만큼의 숙련도와 일솜씨가 필요하다. 따라서 행복이란 어떤 활동에 완전히 숙달된 이가 그 활동을 즐길 때 그러한 활동의 실행에서 유래하는 특정한 종류의 쾌락이 된다. 칙센트미하이 본인이 제시한 활동의 예시로는 체스, 등산, 작곡 따위가 있다. 여기서 행복이란 것은 자신이 잘 살고 있다는 느낌과 구분되지 않으며, 또한 마치 잘 마무리된 작업에 대해 그 작업자가 느낄 법한 만족감과 구분되지 않는다.

매력적이고 여러 감각을 동시에 자극하며, 민주적이고 재정적으로든 심리적으로든 소모비가 거의 없는 이 이론에 반박할 거리는 전무하다. 냉소적이지도 금욕적이지도 않고 개인주의적이지만 자기중심적이지는 않은 이 이론은 복잡한 문제에 단순한 해답을 제공해준다는 장점을 갖고 있다. 행복의 문제는 마침내 해결된 것인가? 그렇지 않다. '몰입'의 이론에 반박할 거리가 없는 이유는, 정확히 말해 이것이 실은 행복의 이론이 아니기 때문이다. 몰입 이론이 제시하는 것은 '참살이'를 하고 있다는 느낌에 대한 묘사, 곧 어떤 이가 스스로 '잘' 살고 있다고 느낄 때 그의 마음속에 일어나는 감정에 대한 묘사일 뿐이다. 몰입 이론은 행복이란 곧 행복하게 존재하는 것이요, 만족감을 느끼는 것이라고 말한다. 몰입 이론은 우리가 그 속에서 최상의 상태에 놓이게 되는 상황과 보람 있는 것으로 간주되는 행동들을 짚어낼 뿐, 행복해지고자 하는 우리의 욕망, 곧 우리가 초조한 마음으로 밤잠 설쳐가며 가슴에 품고 있는 저 기대에 대해서는 어떤 점도 밝혀주지 않는다. 이 이론은 확실히 우리를 격려해주긴 하지만—우리에게 도움이 되는 것이 무엇인지를 밝힌다고 해서 손해를 볼 일은 없으니까—어쨌든 그것은 순수하게 기술적(記述的)이고 동어반복적인 이론일 뿐이다. '행복이란 행복하게 존재하는 것이다'라는 말이 동어반복이 아니라면 또 무엇이겠는가. 몰입 이론은 그러한 행복의 감각을 느끼기 위해 무엇을 해야 하는지를 설명하며, 행복이란 것을 어떤 행동의 실천, 취미, 선호활동, 그리고 최선의 경우라고 해도 재주의 연마에 결부시킨다.

어째서 우리가 행복을 원하며, 어째서 우리 마음속에는 행복에 대한 갈망과 희망이 새겨져 있을까라는 질문에 대해, 긍정 심리학은 이런저런 실천 사항들과 모범 예시들로 답한다. 과연 헤겔의 글을 읽기, 알가졸라의 해변을 찾기, 다른 이와 대화 나누기, 실크페인팅 하기, 머나먼 이국에서 밤하늘의

별을 헤아리기 따위가 내게 기쁨을 준다는 것은 사실이다. 그러나 이러한 것들은 그 자체로 행복이 아니라, 행복의 정체를 알려주는 신호들일 뿐이며, 또한 내게 더 광대한 삶이 가능하다는 것을 알려주는 증거들이다. '몰입' 및 최적 활동에 관한 이론은 음악회의 프로그램과 음악회 자체를 혼동한다는 인상을 준다. 설령 누군가 음악회에서 어떤 곡들이 연주될 것인지를 알려줬다고 하더라도, 우리가 그 음악회를 온전히 즐겼다고 말할 수는 없는 것이다. '몰입'을 추종하는 이들은 그렇게 부분과 전체를 혼동하고 있는 것이며, 우리가 행하기 좋아하는 일을 행할 때 느끼게 되는 즐거움과 '행복'이라는 이상을 혼동한다.

실용주의적이고 스포츠적인 '몰입'의 이론은 행복에 대한 탐구가 아니라 '참살이'의 정의이다. 이 이론은 또한 우리에게 점묘화를 그리는 듯한 불편을 야기한다. 이 이론은 분명 최적이긴 하지만 '점'처럼 흩어져 있는 경험들, 곧 일회적인 경험들 사이로 행복을 흩뿌리기 때문이다. 그러한 경험들은 이를테면 우리가 보내는 나날들의 조직에서 뜯겨나간 부분들에 해당하고 (그러한 경험들이 잠시 잊게 만드는) 우리의 역사와 현실에서 잘려나간 경험들이며, 나아가 우리 삶 자체와 삶의 일상적인 흐름에서 유리된 경험들에 해당한다. 그것들은 계획표상의 빈칸들과 같다. 그런데 정말로 행복이란 것은 훌륭하거나 그에 준하는 행동의 실천을 통해 획득되는 한순간에 지나지 않는 것인가? 행복이란 우리가 얻어내려고 바삐 움직여야만 하는 무엇인가?

긍정 심리학은 우리에게 일련의 명령들을(명상하라, 미소 지으라, 수용하라, 생각을 흘러가게 두라) 내림으로써 우리를 1인 행복 기업으로 변모시키는 것을 사명으로 한다. 행복해진 다는 것은 하나의 선택이요, 의지와 적성의 문제가 된다.[24] 우리는 참으로 기묘한 시대를 살고 있다. 우리 시대에 학문 과 문화는 유희적이고 가벼운 것이 되어야 하고 진정한 정신 의 놀이 공원이 되어야 한다는 부담을 지게 된 반면, 휴가, 행 복, 자아, 우울, 고통 등 예전에는 '일'과 하등 관련이 없던 것 들은 노고를 들여 처리해야만 하는 어떤 '일'과 같은 것이 되 어버렸다. 완전 고용의 시대는 지나가 버렸건만, 우리는 자신 이 행하는 모든 일들에 있어―행복의 추구를 포함하여―'직 업인'처럼 되어버렸다. 이제 불행이란 것은 일종의 직업적 과 실 내지 실존적 실업으로 간주된다.

물론 우리가 노동에 부여하는 가치가 옛날 같지 않을 수 는 있겠지만, 어쨌든 오늘날 우리는 '일'이라는 잣대로 우리 자신과 우리 자신의 존재를 평가하고 있다. 마치 어떤 일을 완수하거나, 서류 작업을 마무리하는 것과 마찬가지로 자기 실현에 임해야 한다는 느낌을 받고 있는 것이다. 또한 오늘 날의 사람들은 부모의 '임무'라거나 조부모의 '임무'처럼, 어 쨌든 조금도 직업적인 성격을 갖지 않은 활동들에 대해서도

'임무'라는 표현을 쓰고 있지 않은가? 생각해보면 우리는 평가하고 분류하고 성적을 매기는 일에 얼마나 광적으로 매달리고 있는가? 그러한 열광의 강도를 생각해보면, 이러한 현상이 우리 사회에 얼마나 넓게 퍼져있는지 짐작할 수 있으리라. 인정을 추구하는 우리의 욕구는 '인격'과 '능력'을 동일시하게 만든다. 마치 우리 자신의 존재 역시도 값 매김과 품질 인증을 받아야 한다는 듯이 말이다. '몰입' 이론은 이러한 '행함'의 침략을 증언하는 전형적인 예시이다. 장식과 관리, 새로운 행복의 기술이 요구하는 재능들은 바로 그러한 것들이다. 새로운 행복의 기술은 행복이란 것을 바라보기에 아름다운 무엇으로, 우리가 머무르다 갈 수 있는 어떤 작은 기적으로 만드는 일에 전념한다.

변신론(辯神論)의 귀환

우리는 자기 자신의 존재에 대한 감독자가 되었다. 약간은 유
니테리언 종파로 개종한 것은 아닌가 하는 생각도 든다. 유니
테리언주의는 미국을 지탱하는 기둥들 가운데 하나로, 이에
따르면 신앙이란 곧 자기 자신에 대한 믿음이요, 신은 우주적
인 자비를 품은 인간 영혼의 단짝과도 같은 존재가 된다. 유
니테리언주의에서 신은 별것 아닌 것들을 통해서도 충분히
제 모습을 드러낼 수가 있다. 신은 예컨대 풀잎의 흔들림을
통해, "어린아이들과 갓난아기들의 얼굴을 통해", 혹은 "가정
생활"[25]을 통해 스스로를 드러낼 수 있다. 이런 태도는 19세
기에 랄프 왈도 에머슨 등이 옹호했던, 구원을 자기 존중과
동일시하는 저 미국적인 사고방식을 계승한다. 이에 따르면,
누구나 스스로를 믿고 자기 힘으로 행복을 손에 넣을 수 있
다. 산다는 것은 하나의 기획이며, '나'는 나 자신의 관리자가

된다. 행복은 이제 단순히 어떤 실천이나 보람 있는 활동들에 좌우되는 문제가 아니게 된다. 행복은 이제, 부정성의 완전하고 철저하고 체계적인 박멸 안에 머무르게 된다.

자기 신뢰에 대한 이 신앙은 산들을 옮기고자 하지 않고 산들이 평지가 될 때까지 깎으려 하는 신앙이다. 태어남과 죽음을 포함하여 우리의 의지와 무관하게 부과되는 모든 것들은 이 신앙을 통해 길들일 수 있을 법한 무엇으로 인식되게 된다. 살다보면 겪게 되는 수많은 일들은 더는 우리에게 '일어나는' 일들이 아니라, 우리가 선택하고 결심한 일들이다. 자기 신뢰의 신앙은 자신만만한 태도로 '현재'와 '삶'을 수락하지만, 그러한 태도 아래에 실제로 숨겨져 있는 것은 모든 종류의 소여(所與)들을 지우고자 하는 바람, 곧 우리와 더불어 시작되지 않은 모든 것들을 없애고자 하는 바람이다. 그렇게 행복은 무로부터의 창조의 모습을 띠게 되고 행복을 추구하는 이는 이를테면 덜 자기도취적이고 덜 속물적인 자수성가자(self-made man)의 이상을 체현하는 이가 된다. 이제 이 세상 안에 자기의 자리를 만드는 것은 더는 문제가 되지 않는다. 이제부터 문제가 되는 것은 자기 자신의 세상과 행복을 무로부터 창조해내는 일이다. 그렇게 우리는 행복의 마을을 손수 건설하겠다는 꿈을 품게 된다. 모든 도면들과 건축 재료들은 우리 손으로 마련되고 관리될 것이다. 이때 우리는 마치 건설현장에서 모든 제약과 실패들을 사라지게 할 수 있는 것처럼 생각하게 되며, 아무리 못해도 그러한 제약과 실패들을 미리 마련해둔 행복의 건축 부품들에서 멀리 떼어놓을 수는 있으리라고 생각하게 된다.

비록 우리가 그 사실을 듣는 것이 괴롭다고 할지라도, 철학은 이렇게 말해준다. 삶은 우리의 욕망들이 이루어질 수 있는 유일한 장소이지만, 그러한 욕망들의 실현을 방해하는 것 역시 삶의 고유한 속성이라고 말이다. 행복에 대한 갈망은 이따금 삶 안에 내포된 우리가 선택하지 않은 것들, 곧 우리에게 강제로 부과된 것들과 맞서고 또 부딪히게 된다. 우리는 자신이 쓰지 않은 극본에 따라 연극에 임하는 배우들이다. "우리가 지어낸 이야기들과는 달리, 진실한 이야기들에는 작가가 없다."[26] 우리는 삶의 극본을 쓰지 않으며, 다만 그것을 해석할 수 있을 뿐이다. 이는 또한 우리에게는 이 세상의 질서와 우리 욕망의 질서 사이의 합치를 결정할 수 있는 권한이 없음을 의미한다. 철학은 이러한 진리에 "우연성"이란 이름을 붙였다. "불확실성"의 동의어라고 할 수 있는 이 단어는 어떤 일이 일어났다고 해서 그 일에 필연성이 있었다고 볼 수는 없음을 의미한다. 그 일은 어쩌면 애초에 일어나지 않을 수도 있고 또한 전혀 다른 모습으로 발생할 수도 있었다. 행복과 슬픔을 포함하여 우리가 경험하는 그 어떠한 것에도 필연성은 존재하지 않는다. 하물며 그것들이 전적으로 우리의 의지에 따라 일어나는 것은 더더욱 아닌 것이다. 하지만 우리는 스스로를 행복의 1인 기업 내지는 자유롭고도 독립적인 삶의 작가(작곡가)처럼 상상함으로써 삶에서 모든 부정성을, 무의미하고 비생산적인 모든 것들을, 모든 종류의 괴로움과 엉망진창을 거부하는 데 이르렀다. 행복을 찾기 위해 만반의 준비를 갖춘 우리들의 존재에 있어서, 모든 것은 의미를 가져야만 하는 것이다.

그렇게 지상의 악의 존재에 대한 책임을 신에게서 면제시키고 신을 변호하고자 하는 논리인, 저 옛날의 변신론이 완전히 새로운 형태를 띠고 현대에 부활하게 된 듯하다. 과거에 조물주의 변호인들이 악을 다만 사소한 것에 지나지 않는 것으로 보고 신이 그린 보다 크고 아름다운 그림을 강조하기 위한 하나의 장식적 요소에 지나지 않는 것으로 간주했다면, 오늘날 행복이라는 신을 섬기는 새로운 변신론자들은 고통에서 불행과 실패를 거쳐 질병에 이르는 모든 부정적인 것들을 '거의 좋은' 것이나 다름없는 것으로, 긍정화의 도상에 놓인 하나의 소재에 지나지 않는 것으로 간주한다. 우리에겐 행복해질 수 있는 능력이 있으며, 따라서 불행을 피하고 결정적으로 없앨 수 있는 능력이 있다는 것이다. 그리하여 우리는 모든 것에서 이유를 찾고 상징적인 의미를 읽어내며 교훈을 이끌어낸다. 나쁜 경험들에서도, 단절과 우울에서도, 심지어는 질병에서도 말이다.

모든 것에서 긍정적인 의미를 찾아내고자 하는 오늘날의

강박은 고통과 상실이라는 현실에 대한 모독이다. 포스트모던한 실존주의는 아무래도 '세상의 부조리'라는 실존주의의 이론에서 완전히 등을 돌린 듯하다. 하지만 여기서 다시금 실존주의의 황금기, 곧 사르트르와 카뮈가 활동하던 시대의 실존주의자들을 상기해보도록 하자. 그들은 인간이 이 세계와 자신의 존재를 마주할 때 느끼게 되는, 부조리라는 기이한 감정을 강조하지 않았던가? 예컨대 카뮈는 이렇게 썼다. "인간과 그의 삶의 결별, 배우와 그가 선 무대와의 결별, 그러한 것이 바로 부조리의 감정이다."[27] 그리고 카뮈는 이 모든 것에도 불구하고 곧 시시포스가 가진 욕망들과 현실의 끊임없이 반복되는 결별에도 불구하고 그의 시시포스로 하여금 행복을 추구하게 만들었다. 우리 시대의 실존주의는 이와 반대로 인간과 그의 삶 사이의, 곧 인간과 '현실' 사이의 즐거운 합일을 찬양하고 있다. 이때의 현실이란 부조리하지 않고 호의적인 현실이며, 오직 인간이 그로부터 아름다움을 해석해내기 위한 노력을 기울이고 그 안에서 선물들을 받아가길 기다리는 현실이다. 현대의 실존주의자들은 모든 것이 우리를 더 강하고 위대하게 만들어준다고 말한다. 왜냐하면 모든 것에는 의미가 있기 때문이다.

참아주기 힘들고 가증스러운 주장이다. 질병이 대체 어떠한 점에서 우리를 성장시킨다는 말인가? 고통이 대체 우리에게 어떤 교훈들을 전해준다는 말인가? 모든 것을 긍정화하고자 하는 이러한 시도는 결과적으로 실패에 대한 두려움을 낳게 된다. 행복은 이제 일종의 규범처럼 부과되며, 마찬가지로 강제된 긍정성의 높은 기준에 이르지 못할 지도 모른다는 근심을 수반하게 된다. 이러한 상황 속에서, 우리는 모든 것에서 좋은 점을 찾는 일에 매달리게 된다. 그렇게 하면 불안을 가라앉힐 수 있고 실수를 흐릴 수 있으며, 나아가 실수를 마치 절반의 성공인 양 바라볼 수 있기 때문이다. 우리를 죽이지 못하는 것은 우리를 더 행복하게 만들어준다. 그러니까 긍-정-하-자. 그러나 우리가 진지하게 수용하지 못한 것을 언제까지 견딜 수 있을까? 우리가 직시하기를 거부한 저 모든 부정성들은 앞으로 어떻게 되는 것인가? 고통을 진지하게 받아들이지 않음으로써 그리고 삶에는 무용한 것들이 있고 우리를 성장시키지도 교훈을 주지도 않는 고통들이 내포되어 있다는 사실을 인정하지 않음으로써 우리가 실제적으로 무엇을 얻을 수 있는 것일까?

내 말뜻을 정확히 이해해줬으면 좋겠다. 나는 지금 불행을 변호하는 것도 아니고 비극에 도취되라고 권하고 있는 것도 아니다. 나는 다만, 우리가 저 위안의 마법에 부정성이 긍정성으로 변하는 즐거운 둔갑술에 지나칠 정도로 쉽게 빠져들지 않기를 바랄 뿐이다. 실패는 실로 실패이고 상실은 상실이지 다른 무엇으로 향하기 위한 하나의 단계인 것이 아니다. 시간이 흐른다고 해서 모든 것이 잊히지는 않으며, 모든 고통이 반드시 극복되어야 하는 것은 아니다. 부정성은 단지 부정적으로 '보이는' 것이 아니라, 그 역시도 엄연한 하나의 현실이다. 부정적인 일에는 숨겨진 의미도 없고 교훈도 없다. 그것은 어떤 것도 가르쳐주지 않고 어떤 도움도 주지 않는다. 그리고 여기서 우리가 이해해야 할 것은 아무것도 없다. 누구도 자기 자신의 암을 "만들"지는 않는다. 암이 생기면 환자는 그것을 별수없이 감내할 뿐이다. 하나를 잃는다고 해서 언제나 열을 되찾을 수 있는 것은 아니다.[6] 우리의 슬픔은 우리를 위축시키지만, 이에 맞서 싸우거나 이를 극복하기 위해 노력할 필요는 없다. 우리가 그러한 슬픔에서 일단 벗어났고 살아나왔다면 이미 그것만으로도 괜찮은 것이다. 슬픔은 우리가 아직 긍정적으로 보는 법을 찾지 못한 긍정성이 아니다. 슬픔은 우리를 보다 안정적이고 강하게 이끌어가는 무엇이 아니다. 슬픔이 지닌 현실은 곧 돌이킬 수 없이 결정적인 상실의 현실일 뿐이다. 그것은 고통스러운 떠남과도 같은 것이다. 우리는 결코 이전 주소로 되돌아갈 수 없을 것이고 고국을 잃어버린 이가 되어 영영 타지를 떠돌게 될 것이다. 고통은 고통일 뿐이다. 고통은 자유로운 해석의 대상이 아니며, 결말에 이르러서는 결국 더 훌륭한 이가 승리를 거두는 도덕극의 주연 배우도 아니다.

----

6. '설령 소중한 무엇인가를 잃었다 하더라도, 세상에는 그것을 대체할 수 있는 것들이 무수히 많음'을 의미하는 관용구인 "하나를 잃고 열을 되찾는다(Un de perdu, dix de retrouvés)"를 비튼 구절이다.

세상에 저 긍정적인 믿음들처럼 허깨비 같고 불쾌한 것도 없다. "우리를 나아가게 하는 것은 오류들이다", "그 일은 재도약을 하는 데 도움이 될 것이다", "그것은 우연이 아니며, 분명 의미하는 바가 있을 것이다", "만사에서 언제나 좋은 측면들을 볼 수 있어야 한다", "결국은 시간이 해결해 줄 것이다" 따위의 믿음들 말이다. 사람들은 마치 우리의 슬픔에 사명이라도 있는 것처럼 이런 말들을 한다. 그리고 그들이 생각하는 슬픔의 사명이란, 우리를 긍정적이지 않을 수가 없는 보다 심원한 현실로 인도하는 일인 것이다. 나는 여기서 부정성을 거부하면 우리의 존재도 의미를 잃게 된다는 식의 얘기를 하고 싶은 것이 아니다. 나는 다만, 불행은 불행이지, 스스로 행복임을 알지 못하는 행복인 것은 아니라는 점을 지적해 두고 싶은 것이다. 그리고 불행을 피하고자 하는 바람이 지나치게 강한 이는 그로 인해 자신의 행복마저 초라하게 만들고 만다. 그런 사람은 슬픔을 시럽처럼 달콤한 해석에 담고 크림으로 감싸고 예쁘게 포장함으로써 기쁨을 확고하게 만들 수 있다고 믿는다. 어떤 대가를 치르더라도 긍정성을 지켜야 한다는 사고방식 아래에서는 우발적이거나 무용한 것은 남지 않는다. 그리고 행복을 일구는 형벌에 처해진 새로운 유형의 도형수들인 우리들은 적을 땅바닥에 눕혀 꼼짝 못하게 만드는 것처럼 현재에 못박혀 꼼짝 못한다. 그리고 저 '자기계발'이란 고행과 딴 데 눈길도 주지 말고 오직 최적의 것에만 집

중해야 한다며 우리에게 외쳐대는 저 '몰입' 심리학의 육상선
수들에게나 어울릴 법한 권고들 사이에서 발버둥을 치게 된다.

　뜻밖에도, 이러한 변신론의 귀환, 저 긍정성의 쇄도에 대
해 가장 흥미로운 비판을 제기하는 이는 신학자인지도 모르
겠다. "인간의 삶이 그 자체로 선물인 것인지는 명백하지 않
습니다. 삶이란 정말로 좋은 선물일까요? 우리가 살아가야
할 이 어두운 시대에 있어서든, 혹은 앞으로 도래할지도 모르
는 보다 환한 시대에 있어서든, 우리 인간은 짊어져야 하는
짐이 무엇인지를 정확히 알고 있을까요? 앞으로 어떤 어려움
들을 마주하고 어떤 끔찍한 사건들을 겪게 될지를 우리가 예
상할 수 있을까요? 삶이란 것을 이렇게, 무턱대고 부여한다
는 것이 과연 정의로운 일일까요? 그것은 책임 있는 태도일
까요, 혹은 정말이지 미덥지 못한 태도일까요? 삶이란 것은
실로 문제적인 선물입니다." 이상은 베네딕토 16세 교황이
2012년 생일에 발표했던 담화의 일부이다. 삶이란 "독이 든
선물"인지도 모르겠다고 과감히 발언하는 교황이라니, 특기
할 만하다. 하지만 어쨌든 그리스도교가 가장 대담해지는 때
는 바로 이처럼 무신론적 담론을 대폭 수용할 때인 것이다.
과연 삶이란 것은 선물이 아니다. 그리고 상처들에 붕대를 감
는 시기를, 방향제와 자장가에 위로받게 될 지복의 시간을 보
다 나중으로 미뤄두고 우선은 '존재라는 것에는 정말로 의미
가 있는가?'라고 하는 문제와 씨름하는 것은 좋은 일이다. 다

소 진부하게 느껴질 수 있지만, 어쨌든 이 문제는 도수 높은 술처럼 우리를 쇄신해준다.

실제로 너무나도 많은 경우에 불행을 다만 더 나은 것을 향한 하나의 단계처럼 여기라는 조언이 주어지곤 한다. 조언자들은 우리에게 '삶은 계속된다'고 말한다. 그러나 삶은 계속되지 않는다. 표현을 달리하자면, 우리에게 앞으로의 삶이 이전과 같을 일은 결코 없을 것이다. 한데 고통으로 표출되는 분노를 어째서 가라앉혀야 한단 말인가? 고통이 품고 있는 무자비한 불모성을 우리가 왜 은폐해야 한단 말인가? 이러한 집요한 긍정화의 시도들에는 리듬 감각과 취향이 결여되어 있다. 이러한 시도들은 색채나 박자에 있어서도, 우리가 실제로 겪는 슬픔과 결코 조화되지 않는 것이다. 긍정화는 우리가 실제로 느끼는 바와 어우러지지 않는다. 왜냐하면 우리는 위로받을 수 없는 이들이기 때문이다. 그렇다, 이 점을 인정해야만 한다. 그리고 부정적인 것이 긍정적인 것으로, 좌절이 성공으로 바뀔 수 있다는 생각에 집착할수록 기만적인 행복만 쌓여갈 뿐이다.. 그러한 기만 속에 빠져 있을 때, 우리는 고통 그 자체에서도 교훈을 끌어낼 수 있으리라 생각하게 된다. 고통이란 실로 어떤 것도 자라나지 않는 불모의 땅이나 마찬가지이거늘, 그것을 마치 경작해야 할 정원처럼 여기고 만다. 그리고 설령 어떻게든 앞으로 나아가게 된다 하더라도, 그것은 우리가 고통을 우회하거나 드물게는 다른 것으로 바꾸는 데 성공했기 때문이지, 고통에서 교훈을 끌어냈기 때문은 아니다.

우리가 몰락을 몇 번 겪든, 그것을 패배라고 부를 수는 없다. 인생의 좌절을 겪었다고 해서, 전투 지휘를 그르친 패장 취급을 받을 이유는 없다. 행복을 추구하는 이들은 군인이 아니지 않은가? 삶이란 게 총칼 이외의 수단으로 치르는 전쟁은 아니지 않은가? 건강이며 행복과 같은 것들이 과연 호전성을 통해 획득할 수 있는 것들인가? 이러한 것들을 추구할 때, 반드시 승자와 패자를 나눠야 할 필요가 있을까? 그런데 부정성을 긍정성으로 전환하고자 하는 대다수의 현대적 변신론에는 실로 일종의 군인 윤리과 같은 것이 수반된다. 그리고 이와 같은 군인 윤리에 따라, 우리는 싸우는 법을 아는 승자와 전의를 상실한 패자로 나뉘게 되는 것이다. 긍정화라는 것이 아무리 많은 선의를 품고 있다 하더라도, 결국 그것과 함께 은근슬쩍 돌아오는 것은 건강하고 행복한 삶을 쟁취하려는 전투에서의 '패배'라는 형태를 띤 '실패'라는 관념이 아닌가? 우리는 이와 같은 긍정화에 맞서, 그와 반대되는 생각을 옹호할 것이다. 우리는 긍정화의 이론에 기대는 것보다는 불평을 하는 것이 그리고 다른 이의 불평에 귀를 기울이는 것이 더 진실하고도 품위 있는 선택임을 주장하고자 한다. 이는 슬픔에 잠식되라는 말이 아니라, 문자 그대로 불평할 거리가 있으면 불평을 하라는 말이다. 불평은 입에 발린 위로를 거부하고 부정적인 것에 대한 미화를 거부하며, 또한 너무 섣부른 위로가 제시하는 온갖 보상과 상환의 체계를 거부한다. 고통을 참아낸다고 해서 얻을 수 있는 보상 같은 것은 애초에 존재하지 않는다.

그런데 우리는 거의 모든 것들을 스스로 더 나은 존재가 되기 위한 발판으로 삼아왔지만, 어쨌든 그 과정에서 가장 자주 사용한 말투, 나아가 어쩌면 가장 중요한 말투는 불평의 말투이다. 이를 대체 어떻게 설명할 수 있을까? 파스칼은 여기서도 통찰력을 발휘한다. "누구나 행복을 추구한다. 이를 위해 각자가 사용하는 수단은 다양할지언정, 행복을 추구하는 데는 예외가 없다. 그들은 모두 행복을 지향한다. (...) 그리고 그들이 행복을 추구하는 동안 (...) 그들 모두는 불평을 한다. 군주들, 신하들, 귀족들, 평민들, 늙은이들, 젊은이들, 강자들, 약자들, 현자들, 무식자들, 건강한 이들, 병자들 모두가, 지역과 시대, 나이와 조건을 막론하고 불평을 한다(...). 대체 이러한 갈망, 이러한 무력함이 외치고 있는 바는 무엇인가?"[28] 존재한다는 것은 불평한다는 것이다. 현실에 대해, 현재에 대해, 우리는 경탄도 만족도 하지 않는다. 현실과 현재에 대한 우리의 감정은 차라리 사물들은 마땅히 그래야 하는 대로 존재하지 않는다는 실망의 감정에 가깝다. '우리의 갈망은 다만 무력함을 탄식할 수 있을 뿐이다.' 그러한 것이 바로 파스칼적인 지혜이다.

저런 부정적인 부분이 내면에 존재하지 않는 것처럼 굴면서 행복을 향해 나아가는 사람은 없을 것이다. 각자의 삶 안에서 고통과 즐거움이 차지하는 비중이야 모두 다르겠지만, 어쨌든 모든 이들의 내면에는 분노가 가라앉지 않는 아킬레스가, 사막에서 고함을 지르는 세례 요한이, 그리고 "죽은 자녀들을 생각하며 탄식하고 자녀들이 더는 없기 때문에 위로받기를 원치 않는"[29] 라헬이 존재한다. 그렇다고 해서 존재란 곧 비극이라고 성급히 절규하지는 말자. 우리가 해야 할 일은 모든 삶 안에는 분노와 슬픔으로 이루어진 작열하는 핵이 있음을 인정하는 일, 그리고 진정한 행복이란 위로를 받는 것은 불가능하다는 느낌을 묵살하지 않는 것임을 인정하는 일이다. 진정한 행복이 "계속해서 으스러지는 야망들을 용서하고", "궁핍의 시절"을 복구해주는 것은 맞지만, 행복은 그러한 일을 수행하면서도 마치 저 모든 엉망진창과 결핍들이 존재하지 않는 양 행동하지는 않는다. 행복이란 것이 "모든 즐거움들보다도 더 높고"[30], 만족보다 훨씬 좋은 무엇처럼 느껴지는 이유는 바로 그것이 고통들의 오만불손함과 정면으로 맞서기 때문인 것이다.

그럼에도 불구하고 사람들은 타협을 받아들이는 편이 더 건강하다고 말하곤 한다. 중요한 것은 균형을 유지하는 일이니, 지나치게 큰 기대를 품지 말고 삶이 우리에게 건네주는 것들을 받아들이라고 말이다. 그러나 모든 타협은 한을 낳게 되지 않는가? 무력한 마음으로 분을 삭이는 것보다는 분노와 불만들을 있는 그대로 느끼는 편이 낫다. 이 점에서 우리가 스승으로 삼아야 할 이는 몽테뉴다. "분쟁을 마무리하는 합의의 대부분은 수치스러운 거짓이다. 이러한 합의들을 통해 우리는 다만 겉으로 드러나는 체면을 구하고자 한다. 그리고 이 과정 속에서, 우리는 자신의 진정한 의도였던 것들을 배신하고 부인하게 되는 셈이다. 이는 여전한 분쟁 사항에 회칠을 하는 것에 지나지 않는다."[31] "회칠"을 하는 행복에, 겉으로만 고요한 타협안에 만족하지 말자. 그리고 몽테뉴의 교훈적인 열변에 조금 더 귀를 기울여보도록 하자. "매일 나는 사람들이 지나친 행동을 바로잡겠다며 적들에게 사죄하고 배상하는 모습을 본다. 하지만 내게는, 그들의 사죄와 배상은 그들이 저지른 지나친 행동 자체보다도 더 추해 보인다. 그렇게 공개 사죄를 행하며 굴욕감에 젖는 것보다는 차라리 자기 적을 한 번 더 모욕하는 편이 나을 것이다."[32] 우리는 우리 자신의 분노를 버려서는 안 될 것이다. 왜냐하면 갑작스럽게 일어난 게 아닌 이상, 분노라는 것에는 일종의 초조함과 욕망이 담겨 있기 때문이다. 다시 말해 내 주변 사정이 지금과 달라지고 나아질 수 있다는 '희망'이 담겨 있다는 얘기다. 갖고 있는 것들로 만족하고 즐기자는 태도보다는 희망을 헐값에 팔아넘기는 것을 거부하고 희망을 추구하는 태도에서, 우리는 더 많은 것들을 얻을 수 있다.

실제로 우리는 경탄이 아니라 희망 때문에 이 삶을 받아들인다. '내가 희망할 수 있도록 허락된 것은 무엇인가?' 우리의 행동반경과 자유를 규정하는 것은 바로 이와 같은 질문이다. 그렇게 행복은 내게 강요된 것과 내가 열망하는 것 사이에 자리를 잡게 된다. 내게 강요된 것이란 곧 내 하루하루를 조직하는 온갖 필연성들과 제약들이요, 내가 열망하는 것이란 나를 위해 약속되었다고 느끼는 무엇, 곧 내가 행복의 경험들을 통해 그 "강렬한 빛"[33]을 엿본, 행복한 삶이다. 따라서 행복이란 것은 즉각적인 현재와 맞물리지 않는다. 행복이란 우리가 희망하는 지금과는 다른 삶에 대한 저 욕망을 통해 조직되는 것이다.

오직 현재에 집중하라는 조언을 아무런 망설임도 없이 받아들이는 것은 일종의 굴종이 될 수 있으며, 복종을 연습하는 꼴이 될 수 있다. 일단 그렇게 되면, 우리는 공간을 점하는, 보다 분명히 표현하자면 공간의 '표면'을 점하는 것과 마찬가지 방식으로 시간을 점하게 된다. 현재를 살라는 명령을 받아들이고 마치 '현재'라는 땅의 지주가 된 것처럼 시간을 대하게 된다. 그렇게 우리는 울타리에 둘러싸인 자기 땅과 집을 돌아보는 이처럼, '어제'와 '내일'로부터 격리된 채로 우리의 것이 확실한 것들만을, 예컨대 집안의 가구들, 발코니에 핀 꽃들 따위를 확인하는 일로 만족하게 되는 것이다. 이러한 삶의 방식에서 도출되는 행복은 무기력한 행복에 지나지 않는다. 이 무기력한 행복의 기반이 되는 것은 우리가 계속해서 살아간다는 단순한 사실, 그리고 집요하게 현상(現狀)을 유지한다는 사실, 오직 그러한 것들일 뿐이다. 그렇게 우리는 일종의 무기력한 운명에 무릎을 꿇게 되고 관성에 따른 삶을 살게 만드는 숙명에 굴하게 된다. 우리의 존재가 이처럼 관성을 따르는 이유는 비단 습관이 가진 힘 때문만이 아니라, 새로운 것들을 시도하고 새로운 일들을 일으키는 일에 우리가 전보다 더 깊은 어려움을 느끼고 있기 때문이다.

그런데 현재의 행복에 집중하는 바로 그 순간에 우리를 사로잡는 것은 역설적이게도 괴로움이 아니던가? 현재 안에서 살아가는 것은 사방이 가로막힌 '지금 당장' 속에 갇혀 그 너머로 나아가지 못하는 것은 불행이 아니던가? 같은 것이 무자비하게 반복되어 돌아오는 가운데, 영원히 끝나지 않는 현재 속에서 과거와 미래가 모두 녹아 없어지는 듯한 경험, 그러한 경험은 정확히 우울증의 경험이지 않은가? 현재는 출구를 찾을 수 없는 막다른 골목과 같은 것이 되어버린다. 우리 시대의 철학적 '테라피'들이 소위 '행복'이라고 그려 보이는 것들이 우울증의 증세들과 이처럼 가깝게 부합한다니 참으로 놀랍지 않은가?

무균 인큐베이터와 같은 이 행복은 대개 그 안에 감싸인 우리를 하찮은 사람들로 바꿔버린다. 그러한 행복이 우리에게 안정감을 줄 수 있을지 없을지는 추정의 영역이지만, 그러한 행복이 우리를 역동적으로 만들어 주는 모든 것들을 소멸시킨다는 것은 확실한 사실이다. 우리를 역동적으로 만들고, 우리를 계속해서 떠나거나 돌아오게 하여 "거기" 한 곳에 "그렇게" 고착되는 일이 결코 없게끔 하는 모든 것들을 말이다. 행복해지기 위해 우리는 더 격렬해져야 하며, 더 많은 일탈마저 감수해야 한다. 정말로 행복해지고 싶다면, 주어진 것에 만족하기를 거부하는 태도를 가져야 하는 것이다. 실로 행복을 느낄 때마다, 우리는 보다 멀리 나아가고자 하는 힘찬 기운과 보다 높은 곳을 향하고자 하는 열기를 발견하게 되지 않던가? "사람들이 습관처럼 저지르는 잘못은 (...) 너무 많은 것을 바라는 일이 결코 아니며, 다만 너무 적은 것을 바라는 일일 따름이다."[34] 데카르트가 했던 말이다.

우리의 독신자(篤信者)로서의 삶

사람들은 이데올로기가 우리 세상을 떠났다고들 말한다. 이데올로기는 사라지고 대신 '존중', '감사', '공감'과 같은 "가치"들의 인터내셔널이 그 빈자리를 차지했다는 것이다. 이러한 가치들은 더는 기성질서나 기관들(학교, 공화국, 교회...)의 것이 아니다. 가치들은 이제 개인의 주장에서, 혹은 특정한 공동체들의 주장에서 유래하게 된다. 이러한 가치들은 우리에게 의무를 요구하지 않는다. 그것들은 다만 찬동을, 나아가 공감을 요청하는 것이다. 그렇게 우리는 "사회"나 "공화국"을 논하기보다는—이것들은 지나치게 제도화되었고 규범적인 것들이니—보다 따스하고 감각적인 표현인 "함께-살기"에 대해 말을 하게 된 것이다. '이웃'의 지배가 '시민'의 지배를 대체했다. 우리 시대의 가치들은 우리에게 명령을 내리려하지 않으며, 다만 감격을 주어 열광시키고자 한다.

우리 시대를 이기적인 자기 긍정의 시대로 파악하는 것은 잘못이다. 그와는 반대로 우리는 각자 자신이 지지하는 원칙들을 갖고 있고 이에 단단히 사로잡혀 있으며, 그것을 지키기 위해서라면 다양한 활동과 분투도 마다하지 않는다. 각자 자신만의 작은 초월성을 품고 있고, 내가 우러러보는 곳에는 별이 반짝이는 나만의 하늘이 있는 셈이다. 교리나 상급 기관의 결정에 따라서 만들어지는 절대적인 원칙 같은 것은 우리 시대에 더는 존재하지 않을지도 모르겠다. 이제 절대적인 것은 우리가 어떤 '원칙들을 가진다'는 사실 자체이다. 우리는 진리 자체보다도 진리들을 가질 권리를 더욱 강력하게 옹호한다. 다른 이가 나의 가치들을 비평하는 것은 좋다. 그것들에 대해 반론을 제기하는 것도 좋다. 하지만 그 누구도 그러한 가치들을 나의 것으로 품을 권리에 대해서는 문제를 제기할 수 없다. 가치에 대해 말하는 순간, 우리는 모든 말을 다 한 셈이 된다. 부당하게도 도덕이 없는 시대라 불리지만, 실은 우리 시대만큼 사람들이 자기가 믿는 가치를 위해 열심히 투쟁했던 적도 없다. 그것이 생태주의적인 가치이든, 교육적, 기독교적, 혹은 민주적인 가치이든 말이다. 그리고 이 모든 가치 가운데 으뜸이 되는 것은 바로 '행복'이다. '사랑'과 마찬가지로 행복 역시 모든 것을 정당화하며, 만사에 대한 핑계가 된다. "그것이 그를 행복하게 해준다면야...", "그가 그걸 좋아한다면야..." 그리하여 어떤 개인 혹은 집단의 가치들을 공격하는 일은 행복에 대한, 그리고 사랑에 대한 그들의 신성한 권리를 짓밟는 일이 된다. 우리는 이제 세상의 향락을 누리는 자들이 아니라, 가치들의 수호자가 되었다. 우리 자신의 주장에 대해 독실한 신앙을 품게 되고 그리하여 그것들을 지키기 위한 근위대에 가담하게 되는 것이다.

따라서 우리는 실제로는 대단히 종교적인 셈이다. 우리가 헌신하기로 결심한 원칙들과 공동체들에 항시―"종교(religion)"라는 말의 어원을 따져보면 자연스레 이해되는 사실이지만―"결속되어(reliés)" 있다. 그 옛날 사람들이 십계명이며 율법들을 설파하던 것과 마찬가지로 오늘날 사람들은 우리에게 행복을 설파한다. 한데 이 새로운 독신(篤信)이 가진 위험성은 그것이 "우리 자신이 될 수 있도록" 해주는 신앙을 자처한다는 점에 있다. 그것이 우리에게 진지한 태도와 더불어 상당히 진중한 믿음을 요구한다는 점을 고려해보면, 우리로서는 그것이 실제로는 우리를 어떤 대타자(grand Autre)에 종속시키는 신앙은 아닌가 하는 의심을 지우기 힘든데 말이다.

독실한 신자로서 우리가 신들과 우상들을 얼마나 심히 찬양하고 있는지 확인하려면, 여기서 다시금 니체의 신랄한 비판에 의지해야 할 것이다. 그에 따르면, 우리는 이해하기보다는 가치를 매기는 것을 좋아하고 진리보다는 가치 안에서 더 많은 유용성을 본다. 이와 같은 선호와 믿음의 시스템을 현실에 덮어씌움으로써 현실이 가질 수 있는 모든 초라함과 불리

함으로부터 눈을 돌리는 길을 선택하는 것이다. 이것이 '가치들의 만연'에 대한 니체의 진단이다. 그는 "이 세상에는 현실의 수보다도 많은 수의 우상들이 있"[35]는데, 그 이유는 사람들이 진리보다 가치를 더 필요로 하기 때문이라고 썼다. 설령 그리스도교가 빈사상태에 이른다고 할지라도, 무언가 믿고자 하는 우리들의 의지는 꺾이는 일 없이 존속하게 된다. 왜냐하면 믿음이야말로 우리의 존재를 버틸 수 있게 만들어주는 무엇이요, 본래 상태 그대로는 도저히 마실 수 없는 현실을 넥타르(神酒)로 바꿔주는 진정한 증류기이기 때문이다. 우리는 교리를 판매하는 상인 대부분을 그들의 신전에서 몰아냈다고 생각하지만, 그럼에도 불구하고 여전히 우리 안에는 삶에 어떤 의미가 있을 거라고 믿고자 하는 의지가 남아 있다. 그리스도교적인 해석을 내친 뒤에 "다음과 같은 질문이 무시무시한 방식으로 찾아오게 된다(...) 존재한다는 것에 정말로 어떤 의미가 있긴 한 걸까?"[36]

이는 우리가 의미의 부재를 두려워하기 때문이다. 그렇게 우리에게 새로운 가르침과 명령들을 제공해 줄 수 있는 새로운 지혜들을 찾게 된다. 곧 설득력 있게 정리된 새로운 형식의 자선을 설파하는 선행(善行)의 도덕들과 같은 지혜를 말이다. 이 달콤한 도덕관은 이 세상에 "더는 인생을 고통스럽게 여겨야 할 이유가 없으며, 나아가 인생에 대해 불평할 이유도 없다"[37]는 확신을 부여한다. 그렇게 모든 사건들은—우

리에게 시련을 주거나 체념을 강요하는 사건들까지 포함하여
—각각 하나의 기회를 표상하게 된다. 오늘날의 새로운 성무
일과서들은 현실에 긍정성이라는 달콤한 막을 씌움으로써 진
정한 현실을 감춰버린다. 현실이란 것은 우리에게 무관심하
다는 진실이 겉으로 명백히 드러나지 않게끔 말이다. 지고의
가치로 떠받들리게 된 행복은 그렇게 도덕을 거부하는 이 시
대에서 새로운 도덕의 지위를 차지한다. 우리는 행복을 위해
기꺼이 규율을 수용하고, 선조들이 받아들였던 금욕주의 및
"유대-기독교"적인 규율들을 일종의 '쾌락주의적 금욕주의'
라 할 수 있는 가르침의 규율들로 맞바꾸었다. 우리가 갖가지
금욕적 고행을 참아내는 이유는 사실 행복해지기 위해서다.
행복은 이제 율법보다도 큰 무게를 가진 규범이 되었다. 제도
화된 의식들 속에서 더는 만족감을 얻지 못하게 된 우리는 각
자의 존재에 의미를 부여하려는 갈망을 해소하고자 다른 종
류의 실천에 열중하게 되었다. 곧 감사한 마음 갖기, 경탄하
기, 명상하기와 같은 활동에 말이다. 우리는 자진해서 신비주
의에 감싸이고 현기증 나는 무아지경 속에서 의식의 승천을
경험한다. 일상은 끊임없이 내려오는 계시의 무대가 되었고
그렇게 거룩한 광휘에 감싸이게 되었다. 하루하루가 신성에
지배된다. 종교성은 우리 마음속에서 사라진 것이 아니라 다
만 변모했을 뿐으로, 우리는 이 여전한 종교성의 인도에 따라
새로운 신앙의 순례자가 되고 있다. 이 새로운 신앙은 옛 신

앙의 '저 너머'에 대한 믿음을 '지금 여기'에 대한 믿음으로 교체했지만, 그러면서도 어쨌든 옛 신앙이 지니고 있던 매력은 고스란히 보존하고 있다.

그리하여 뜻밖의 결론이긴 하지만, 현대의 긍정 심리학 저서들은 옛날의 독신(篤信) 문학과 기묘하게 닮은 분위기를 띠게 된다. 17세기에 출판된 당대의 베스트셀러이자, 제네바의 주교였던 프란치스코 살레시오 성인이 쓴 저서인 『신심생활입문』을 예로 들어보도록 하자. 프란치스코 살레시오는 이 책을 통해, 세속의 일반 신자들에게 영적으로 풍요로운(독실한) 신심생활을 직업적인 종교인이나 수도사, 나아가 가톨릭 교회의 여타 성인들에 뒤지지 않는 신심생활을 영위하는 방법을 제안하고자 했다. 그는 이 책에서 평범한 그리스도교인들을 위한 명상과 관조의 방법론을, 달리 말해 모든 이가 접근할 수 있는 신비주의를 소개하고자 했다. 한편 오늘날의 경우, 우리가 주변에서 흔히 접할 수 있는 것들은 물론 신심생활의 지침서가 아닌 '행복' 신앙의 지침서들이지만, 이 행복의 지침서들 속에서 프란치스코 살레시오의 제안들을 다시금 발견할 수가 있다. 예컨대 매일매일의 삶을 "거룩한" 것으로 변모시키라거나, 일상 속에 거룩함이 도래하게 만들라는 식의 제안들을 말이다. 프란치스코 살레시오는 또한 상기의 제안들을 가능하게 만드는 것은 지속적인 '실천' 및 흔들림 없는 '신앙심'이며, 그의 제안들을 진지하게 따르기 위해 반드시 수도원이나 교회가 필요한 것은 아니라고도 했는데, 오늘날의 행복 지침서에서도 이와 유사한 표현들을 찾아볼 수 있다. 그러나 이러한 유사성이 있다고 해서, 작금의 '행복 영성'이 옛날의 영성과 동등한 가치를 지닌다고는 말할 수 없다. 사실 '행복 영성'은 오히려 '탈(脫)영성'에 가깝다. 행복의 영성을 따르는 이의 내적 생활이란 것은 다만 스스로가 '잘 살고' 있다는 순수한 감각적 만족으로 축소되기 때문이다.

그런데 심리학적인 견지에서 살핀 인간의 정신구조는 종교적 영성의 관점에서 본 인간의 영혼과는 다르다. 긴장을 푸는 일은 영적으로 고양되는 것과는 다른 일이며, 정서적인 안정을 추구하는 수련 역시 신비주의와는 다른 것이다. 또한 17세기의 신자들에게 권유되었던 독신(篤信)은 결코 자기완결적인 목적처럼 취급되지 않았으며, 그 자체만으로는 충분히 의미 있는 실천처럼 취급되지 않았다는 점 역시 분명히 지적해야 할 것이다. 17세기적 독신의 유용성은 그것이 일반 신도들을 이전과는 다른 방식으로 살아가게 이끌어준다는 데 있다. 그것은 일반 신도들에게 공식적인 교리 해석과 전례의 형식적 틀 바깥에 있는 믿음의 진리에 따른 삶을 제시해주었던 것이다. 17세기의 독신과 대조해 볼 때, 오늘날의 행복 심리학이 가진 충격적인 한 가지 특징은 그것은 어떤 종류가 되었든 우리에게 숙고해야 할 '진리'를 제시하지 않는다는 사실에 있다. 한술 더 떠, 행복 심리학에서는 비단 진리뿐만이 아니라 모든 종류의 '말'들이 소멸해버리고 만다. 물론 잠시 휴대전화의 전원이나 각종 전자기기의 화면을 끄는 일에 확실한 이점이 있으리라는 점은 납득할 수 있다. 그러나 우리의 삶은 이미 저 모든 꺼진 희망들이 남긴 침묵들로 무거워져 있거늘, 정말로 또 다른 침묵이 그것들을 극복하는 데 도움이 될 수 있을까? 과연 정말로 우리는 공(空)을 치유하기 위해 공을 활용해야 하는가? 행복 신앙에서 우리가 헌신을 바치는 행복이란 것은 마치 가사가 없는 연가(戀歌)와도 같다. 그것은 아무 말도 하지 않으며, 자기 자신을 제외하면 다른 무엇도 가리키지 않는다. 이 전대미문의 영성은 "열려 있을 것"을 권유하지만, 막상 이 영성 자체는 다른 어디로도 통하지 않으며, 설령 그것이 어딘가로 통한다고 하더라도 그 끝에서 우리가 찾게 되는 것은 다만 우리 자신의 감각에 지나지 않을 뿐이다. 이 영성은 정신적인 개방성과 유쾌한 환대의 정신을 가질 것을 주문하지만, 이것들은 다만 말 없는 도취의 한 형태에 지나지 않는다. 목소리도, 기억도 남기지 않으며, 결코 '지금 이 순간'의 견지를 벗어나지 않는 그런 도취 말이다. 행복 신앙의 일반화된 긍정성은 그렇게 삶으로부터 모든 어둠과 고통을 몰아내고자 하며, 삶의 모든 것을 밝게 빛나는 것으로 만들고자 한다. 그런데 이 긍정성은 그리하여 우리에게서 '깊이'를 빼앗아갈 위험을 띠게 되는 것이 아닐까?

현대적인 영성이 묘사하고 또 권장하는 행복 경험들의 놀랄 만한 옹색함을 보고 실로 그 누가 충격을 받지 않을 수 있을까? 이 행복 경험들은 당황스러울 정도로 시시한 것들이다. 어쨌든 그 묘사를 접했을 때, '사진으로 찍으면 볼 만하겠다'는 생각이 드는 것은 사실이지만 말이다. 예컨대 "현재라는 시간이 가진 힘"[38]을 설파하는 우리 시대의 정신적 지도자들 중 한 사람은 아침에 듣게 된 새의 노랫소리를 통해서도 인생이 혁신될 수 있다는 주장을 펼치며 이렇게 쓴 적이 있다. "나는 그러한 새소리를 그 이전까지는 결코 들어본 적이 없었다." 하지만 내 입장에서는 우리 인생에는 그런 특별한 아침보다는 우리가 명료한 의식으로 다음과 같은 사실을 알아차리게 되는 아침들이 더 많을 거라는 생각이 든다. 곧 이 세상은 우리를 위해 창조된 것이 아니며, 현실이란 우리에게 적의도 호의도 품지 않은 채로 저 바깥에 다만 거대하게 존재하고 있다는 사실을 말이다. 어쩌면 이 새로운 독신은 현실 및 그 법칙들과 제약들로부터 거리를 둠으로써 '승화'의 한 형태를 나타내고 있는 것이 아닐까? 실제로 프로이트는 놀라울 정도로 파스칼적인 어조를 띤 텍스트인 『문명 속의 불만』에서 다음과 같은 사실을 지적한 바 있다. "사람들은 일반적으로 행복에 대한 그들의 요구를 축소하려는 데 열중"하며, "불행에서 벗어나고 고통을 극복한 것만으로도 이미 스스로를 행복하다고 간주"하는 경향이 있는데, 이는 결코 놀랄 만한 일이 아니라는 것이다. 계속해서 그는 실제로 행복이란 대개 우리에게 있어 "가끔씩만 일어나는 현상"에 불과하다고 쓰고 있다. "우주의 모든 질서"가 우리의 행복에 반하는 듯, 그런데 그 반대의 정도가 어찌나 심한지 심지어 "신의 '창조' 계획 속에 인간의 '행복'[39]이란 것은 들어가 있지 않았던 것이 아닌가 하는 주장을 하고 싶어질" 정도라는 것이다. 우리를 엄습할지도 모르는 저 모든 고통의 가능성들 앞에서, 우리는 조심스럽게 행복에 대한 기대를 줄이고 목표를 좀 더 수수한 것들로 바꾸게 된다. 그렇게 되면, 외부 세계가 우리의 목표 달성을 좌절시키기가 조금 더 어려워질 테니 말이다. 그렇게 일상의 미화 속에서, 그리고 소소한 행복들의 매력 속에서, "고통" 및 "운명이 가하는 타격들"[40]에 대한 "완벽한 보호막"이 드러난다.

행복에 대한 요구의 축소가 불러온 역설적인 결과들 중 하나가 바로 불행의 '터부'화이다. 우리 시대만큼 사람들이 인간의 취약성에 깊은 주목의 시선을 던진 때도 없다만, 그와 동시에 그 취약성들이 실제로 드러나는 상황들을 마주하고 우리 시대만큼 깊이 거북함을 느낀 시대도 없다. 우리는 불행을 우리의 시야에서 치워야 하고 불행을 표현할 때는 완곡어법을 써야 하며, 불행에는 필히 연민 어린 위로의 베일을 씌워야 한다고 생각한다. 게다가 무엇보다도, 앞서 말한 것처럼, 불행은 일종의 선으로 삶이 우리에게 주는 교훈으로 바뀌져야 하며, 또한 우리는 그로부터 힘을 얻어낼 수 있다고 생각한다. 불행을 직시하는 일을 피하기 위해, 불행이 나타내는 저 공허, 그 잔인하기 짝이 없는 무용함과 대면하는 일을 피하기 위해, 우리는 스스로 모든 수를 동원해야 한다고 생각하고 있다.

이러한 속임수에서 유래하는 행복은 사람을 무기력하게 만든다. 왜냐하면 이 행복은 사람에게 창의성도, 호기심도 요구하지 않거니와, 타인의 도움을 구하는 것도 아니고 말이나 생각을 요구하지도 않기 때문이다. 이 행복은 우리에게 적극적인 참여를 거의 요구하지 않는 황홀이며, 설령 그것이 무엇인가를 요구한다고 하더라도, 그 요구사항이란 다만 우리의 시선 정도에 지나지 않는다. 이러한 행복을 수용함으로써 우리는 인생의 "정상적인" 흐름으로부터 단절되게 된다. 본래라면 이 흐름 속에서 우리가 마주치게 되는 갖가지 구속이며 충돌들이 우리 스스로 생각하게 만드는 것인데 말이다. 우리에게 장애가 되는 것들은 우리의 모든 힘을 끌어 모으게 만들고 이전까지 당연한 것들로 보였던 것들을(곧 우리의 관계, 나의 소명, 너의 애착, 나의 애착 따위...) 재고할 용기를 갖도록 강제한다. 시련은 사태를 이해하고 해결책들을 고안해내도록 한다. 실패는 우리를 숙고하게 만든다. 난관은 지성을 부른다. 실패를 통해 우리는 희망들을 아랑곳하지 않는 현실과 고통스럽게 마주치며, 실패를 통해 사상의 무자비한 현실로 귀환하게 된다. 실패를 조급하게 반절의 성공으로 미화하려 들지 않는다면, 우리는 곧 우리의 삶이 손질하거나, 변환하거나, 교체하는 것이 불가능한 실제의 사실들을 직시할 수 있게 된다. 예컨대 '사람들은 내가 그 직위를 차지하는 것을 원치 않아', '나는 더는 너를 사랑하지 않아', '너는 호주로 떠나지 못할 거야' 따위의 사실들을 말이다... 이러한 일들은 이미 벌어졌고 어쩔 수 없이 그러한 것이며, 그렇게 '현실'인 것이다. 우리는 대응책을 마련해야 하고 손실의 인정에 기반한 임기응변을 펼쳐야 하며, 추가적인 피해를 막아줄 제방을 쌓아야 한다. 이는 이를테면 존재를 구성하는 날것의 재료에 손가락을 가져다대는 일과 마찬가지다. 그렇게 우리는 우리의 존재가 가진 단호한 불확실성, 행복해지고자 하는 욕망에 반하는 저 불확실성과 접촉하게 되는 것이다. 우리는 그저 앞으로 나아갈 뿐이지만, 때로는 제자리에서 발을 구르기도 한다. 우리는 공허 앞에 놓이게 되고 그 앞에서 걸음을 멈추게 된다. 우리를 인도하는 실은 끊어진 상태다. 그런데 그러한 상황 속에서도 행복의 새로운 종교는 삶이란 알아서 살게 되며, 우리가 존재하고 있다는 단순한 사실 안에서도 예상치 못한 경이를 발견할 수 있다고 설득하고자 한다. 그리고 이러한 설득을 받아들이면, 삶의 의미는 사라지고 왜곡되게 된다. 그게 아니라면, 현실을 구성하는 다른 모든 것으로부터 유리된 '현재'라는 도피처에 숨어들어, 그저 '존재'하고 있다는 달콤한 기쁨을 누리는 일이 정녕 우리가 바라는 바란 말인가?

실패는 현실의 정면 돌파를 강제하지, 현실을 유기하도록 부추기지 않는다. 실패는 우리들에게 우리가 가진 모든 자원들을 곧 우리가 가진 사상적, 언어적, 나아가 예술적 자원들을 모두 끌어 모으게 만들고 그것들을 이용하여 스스로 난관에서 벗어날 것을 강제한다. 슬픔에도 재능이 필요하다. 여기서 나는 슬픔이라고 썼지, '고통'이라고 쓰지는 않았다. 우리는 고통에 대해서는 할 수 있는 말도, 할 수 있는 일도 없기 때문이다. 고통은 마치 바위처럼 무겁고 딱딱한 것이다. 아무리 애를 쓴다 하더라도, 고통으로부터는 피 한 방울도, 약간의 온기도 결코 추출해낼 수가 없으리라. 행복하다는 것은 마치 물속의 물고기처럼 지내는 것이다. 그러할 때면 우리는 아무런 걱정 없이 현실과 조화를 이룰 수 있으며, 그때 현실은 마치 우리를 위해 만들어진 것처럼 보이게 된다. 역으로 불행하다는 것은 사상(事象)들을 마치 처음 보는 것처럼 낯설게 느끼고 낯설게 바라보게 되는 상태를 말한다. 그렇게 우리의 사유는 눈물 속에서 태어나는 일이 잦다. 우리의 생각들은 이를테면 극복된 슬픔이 남긴 흔적과도 같은 것이다. 역경은 우리를 더 강하게 만드는 것이 아니라, 더 기민하게 만들어 준다. "역경은 우리를 더 깊이 있는 존재로 만들어 준다. (...) 자기 제어라는 길고도 위험한 수련을 견뎌내고 수련장을 나선 이는 이전과는 다른 이가 된다. 그는 몇몇 지점에 있어 이전보다 더 많은 질문들을 품은 채로 그리고 무엇보다도, 이전과는 다른 방식으로 질문을 던질 의지를 품은 채로 자기제어의 수련장을 나선다. 이제 그는 이전까지는 결코 취한 적 없는 방식으로 더 깊게, 더 엄밀하게, 더 단호하게, 더 무자비하게, 더 침착하게 질문을 던지겠다는 의지를 갖추게 된 것이다."[41] 낯선 것을 이해하는 일은 우리에게 익숙한 관점을 보류하고 확신을 내려놓을 것을 요구한다. 날아올라 아래를 조망하는 것으로는 이해에 충분치 않다. 우리는 마땅히 사막과 맞서야 하고 고난의 성배를 그 밑바닥까지 들이켜야만 한다.

당장의 현재에 행복하게 빠져드는 일은 비판 정신의 무력화와 지성의 둔화라는 대가를 치른다. 일종의 순수한 경탄의 태도라고 할 수 있는 이 행복에 대해, 토마스 베른하르트의 예를 따라 분노하는 일은 무척이나 즐거운 일이다. "모종의 동경에 사로잡혀, 어떤 대상을 찬탄하는 인간들을 관찰하는 일처럼 혐오감을 주는 일도 없다. (...) 진정한 지성은 경탄이란 것을 알지 못한다. 진정한 지성은 다만 대상을 파악하고 존중하고 그 가치를 평가하며, 그것으로 끝인 것이다."[42] 지성은 대상을 차분히 검토하고 그 가치를 가늠하고 분류하여 그것을 내치거나 받아들이는 선택을 내린다. 지성에는 모종의 회의가 수반된다. 그리하여 진정한 지성이라면, 지나치게 자연스럽게 떠오르는 대답도, 지나치게 조급히 맺어지는 합의도 모두 거부하게 되는 것이다. 지성은 조화를 불신하며, 조화 대신 우리를 거스르는 것들을 받아들인다. 지성은 부정성을 달리 말해 마음대로 변형할 수 없는 현실을 있는 그대로 받아들이는 것이다. 이미지처럼 말이 없는 황홀한 행복을 장려하는 작금의 풍조 안에는 일종의 반지성주의가 자리잡고 있다. 행복을 지향하는 현대적인 관습은 오직 "느껴진 것" 내지 감정 속에서만 진리를 찾고자 하며, 그 이외의 매개를 통해서, 곧 말 또는 생각 속에서 진리를 찾으려는 시도는 거의 일어나지 않고 있는 것이다. 이러한 현상과 짝을 이루는 현상이 바로 유머의 완전한 부재이다. 행복을 항시 진지하게 받아들여야 한다는 믿음 속에서, 그리고 자기 자신으로부터 아주 약간의 거리도 두지 않는 풍조, 곧 자기 객관화 부재의 풍조 속에서, 자조라는 유머 감각은 완전히 사라지게 되었다. 이제 우리는 말도 글도 없이 살아가며, 그저 존재하는 것을 목표로 삼게 되었다. 우리는 더는 질문을 던지려 하지도 않고 자조 따위는 더더욱 하려 하지 않는 것이다.

오늘날의 행복 요법들은 에피쿠로스 학파나 스토아 학파 같은 고대의 지혜를 영감의 원천으로 삼고 있다는 점을 믿게 하려고 애쓰는 사람들이 있다. 이들의 주장에 따르면, 이 고대의 지혜들은 우리 존재가 아직 십계명에도, 원죄의식에도 얽매여 있지 않던 때에, 곧 "유대-기독교" 도덕이 이 세상에 쇄도하기 이전에 그리스와 로마에서 발흥한 학설들로 "정신의 단련" 방식이자, '자기계발'이라는 말이 있기도 전에 나타난 고급스러운 자기계발 방식의 일종이며, 자기실현을 위한 기법들의 집합으로, 지적인 성격을 갖고 있는 동시에 조금도 강제적이지 않다는 것이다. 그렇게 이들은 에피쿠로스나 세네카 혹은 마르쿠스 아우렐리우스에게, 조금도 그들의 것이 아니었던 현대적인 범주들을 갖다 붙인다. 예컨대 '자의식'이라거나, '자기 자신에 대한 염려'와 같은 범주들을 말이다.

하지만 위에서 언급된 철학들이 제1의 목표로 삼았던 것은 '행복'이 아니라 '진리'이다. 이 철학들은 세계와 인간에 대한 참된 앎을 통해 우리 인간에게 가능한 행복의 조건들을 정의하고자 했다. 그리고 이때 인간에게 '가능한' 행복이란, 곧 우리 필멸자들이 공통적으로 갖고 있는 환상들과 공포들이 씻겨나간 행복, 죽음에 대한 공포를 내려놓은 행복, 그리고 사상(事象)의 흐름을 바꾸고자 하는 헛된 욕망에서 벗어난 행복을 말하는 것이다. 이러한 지혜들을 관통하는 핵심적인 원칙은 다음과 같은 베르길리우스의 단언에 잘 요약되어 있다. "원인들을 아는 자는 행복하도다."[43] 철학자가 행복할 수 있는 이유는 다름이 아니라 그가 이성적이기 때문이다. 그는 이런저런 일들의 원인을 속속들이 파악하고 있기 때문에 행복하고 인간 사회 나아가 이 세상과 우주가 어떻게 흘러가는지, 또 왜 그러한지를 알고 있기 때문에 행복하다. 세계의 질서에 대한 이 앎, 세계의 완전무결한 짜임새와 그것의 냉철한 변화과정에 대한 이 앎은 철학자 본인에게 결코 흔들리지 않는 견고한 행복을 보장한다. 그는 인간들을 현실을 나아가 신들마저를 지배하는 저 필연의 법칙을 전적으로 수용함으로써 그러한 행복에 이르게 되는 것이다. 이처럼 '현자'란 마치 "폭풍우 속에서도 평정을 유지하는 돼지"[44]와 같은 이다. 이성에 의해 존재의 난파와 혼돈으로부터 보호를 받는 그는 살아가며 어떤 고뇌도 겪지 않는다. 그는 해안에 서서 먼바다에 광풍이 이는 것을 바라보는 목격자이며, 이때 그의 마음속 깊은 곳에서 우러나오는 감탄사는 "감미롭구나, 광대한 바다여...(Suave mari magno...)"[7]인 것이다. 에피쿠로스주의자 루크레티우스의 말마따나, 원인을 알지 못하는 인간들의, 그리하여 스스로 미친 욕망의 늪에 근거 없는 두려움의 늪에 빠져버린 인간들의, 저 다른 인간들의 재난을 멀찌감치 바라보는 일은 얼마나 유쾌한 일인가. "삶의 가장 큰 감미로움은 현자들의 사유로 방벽을 친 저 고지대에 올라 자리를 잡는 일에 있다. 이 평온한 지역에 오르고 나면, 거기서 우리는 멀찌감치 다른 이들의 모습을 목격하게 된다. 우연에 몸을 맡긴 채 인생의 길을 찾아 여기저기를 방황하는 이들, (...) 부의 정점에 오르기 위해 혹은 권력을 차지하기 위해 밤낮으로 각고의 노력을 기울이는 이들의 모습을 말이다. (...) 삶이라고 해봐야 얼마 되지도 않는 일순의 집합인 것을, 이들은 얼마나 깊

....
7. 루크레티우스의 『사물의 본성에 관하여』에 나오는 유명한 한 시구의 앞부분이다. 본래는 "바람이 광대한 바다를 뒤집어 놓을 때 / 해안에서 선원들의 분투를 바라보는 것은 얼마나 감미로운 일인가!"로 시작하는 시구이며, 프랑스어에서는 여기 적힌 앞 3어절('Suave mari magno')이 그 자체로 '마음의 동요, 근심, 위험 따위에서 해방된 즐거운 평온함'을 지칭하는 표현으로 굳어졌다.

은 어둠 속에서, 얼마나 큰 위험 속에서 그 짧디짧은 삶을 소진하고 있는 것인가!"[45] '안다'는 것은 이러한 맥락에서 더는 불필요한 위험을 감수하지 않는다는 뜻이고 따라서 더는 고통을 받지 않는다는 뜻이다. 안다는 것은 바뀔 수 없는 것을 바꾸길 더 이상 바라지 않는다는 의미인 것이다.

이성에 따른 삶, 사상(事象)에 대한 진정한 앎에 기반하며, 그러한 앎을 벗어나거나 그러한 앎에 반하는 욕망들을 지워버린 삶을 살기 위해서는 어쩔 수 없이 일종의 엘리트주의가 요구된다. 달리 말해, 그러한 삶을 살기로 작정한 철학자는 평범한 행복으로 만족하기를 거부해야만 하는 것이다. 스피노자는—비록 많은 이들이 그를 '삶의 기쁨'을 옹호한 철학자 정도로 파악하는 경향을 보이지만—대개의 사람들이 누리는 행복은 싸구려 행복에 지나지 않는다며 분개했고, 또한 우리를 혼돈에서 건져낼 수 있고 우리에게 "평범한 인생" 및 그 "부질없고"도 "무의미한"[46] 기도(企圖)들과 거리를 둔 "새로운 삶을 정초시킬 수" 있는 것은 오직 대단히 까다로운 지적 활동인 철학뿐이라고 단언한 바 있다. 오직 현자만이 지속적인 행복을 얻을 수 있다. 우리들 가운데 대부분은 매일같이 그날그날의 환상들, 정념들, 어렴풋하고 근거 없는 견해들 따위에 무력하게 사로잡힐 뿐이다. 한데 혹 철학자로 살아가겠다는 야망을 품게 된 이라면, 그는 진정한 행복에 다다르기 이전에 먼저 불안과 마주할 각오를 다져야 할 것이다. 왜냐하면 철학이란 불안과 불편을 파고드는 학문이고 철학자라면 심지어 행복이란 "도저히 풀 수 없는 문제"[47]라는 주장을 지지해야 할 때조차 있기 때문이다.

저 위대한 데카르트조차 스스로 만족스러운 결론에 이르기 전에는, 그러니까 다른 무엇도 확실하지 않은 가운데 적어도 인간의 존재함과 사유함에는 확실성을 부여하는 데 성공한 개념인, 그의 유명한 코기토(Cogito)를 찾아내기 이전에는 철학하기라는 저 보람 없는 작업을 그만두자는 유혹에 시달렸고 철학을 포기하는 것이 어떨까 하는 마음을 품기도 했었다. 실로 세상 다른 모든 사람들이 자명하게 여기는 것들을 다시금 문제시해야 할 이유가 무엇이란 말인가? 불안을 든든하게 막아주고 있는 자기 자신의 확고한 의견들을 자진해서 허물어야 할 이유가 무엇이란 말인가? 하지만 우리는 여기서, 또한 이러한 질문들을 던져볼 수 있을 것이다. 세상에는 소위 이성과 정론을 대변한다는 사람들이 있는데, 이들이 삶의 문제에 대해 권하고 제안하는 '해결책'이란 대체 어떠한 것들인가? 혹시 노예로서 살아가라는 권유는 아닐까? 그들은 우리에게, 확실히 오류이고 환상이긴 하지만 어쨌든 우리 마음을 안심시켜주는 헛것 속에서 살아가길 권하고 있지 않은가? 그들은 우리에게, 휴식도 위안도 얻지 못하는 철학자의 삶을 살아가기보다는 의심스러운 것들로 나아가 거짓으로 만족하는 편이 낫다고 말하고 있지 않은가? "그러나 이

시도는 고통스럽고 고된 것이며, 모종의 나태함은 알게 모르게 나를 계속해서 평범한 삶의 궤적으로 이끌어간다. 꿈속에서 상상의 자유를 즐기다가, 문득 자신의 자유라는 것이 다만 꿈에 지나지 않은 것은 아닌가라는 의심을 품기 시작한 어느 노예, 그리하여 꿈에서 깨는 것이 두려운 나머지, 꿈에 더 오래 속아 넘어가고자 자진해서 제 환상들과 공모하는 어느 노예와 꼭 마찬가지로 나도 그렇게 자각도 없이 계속해서 내 옛 의견들로 돌아가고 마는 것이다."[48] 철학자들 가운데서 가장 확신이 깊었고 가장 회의가 덜했던 사람조차도 자신의 행복을 지키기 위해 철학에 등을 돌릴 생각을 품었었다니, 정말로 많은 생각이 들게 만드는 이야기가 아닐 수 없다. 철학이 우리에게 보장해줄 수 없는 것들을, 그러니까 손쉽게 얻을 수 있는 행복이며 마음의 평화 따위를 철학에 요구하는 것은 적절하지 못한 일이다. 정돈된 것을 어질러 놓고 사유 대상을 난폭하게 다루는 것이야말로 철학의 본래 역할이기 때문이다. 철학은 감정적인 일이라기보다는 체력과 기력을 소모하는 고된 일에 가깝다. 철학은 물론 우리에게 달콤한 결실을 약속하지만, 자그마한 철학적 결실을 얻으려면 엄청난 땀을 흘려야만 하는 것이다.

사유한다는 것은 난제와 직면하고 우리에게 맞서는 것들을 직시함을 의미한다. 사유함이란 순진한 마음으로 뛰어들 수 있는 활동이 아니다. 우리의 사유에 양분을 주는 것은 분노이다. 그것은 세상의 이치가 우리의 욕망과 부합하지 않음을 인식하는 데서 오는 분노이고, 또한 그리하여 세상의 이치라는 것이 계속해서 우리에게 불투명한 것으로 많은 부분에서 이해할 수 없는 것으로 남는다는 점을 인식하는 데서 오는 분노이다. 철학은 존재하는 것들에 대한 경탄보다는 그에 대한 분노를 더 많이 품고 있다. 철학은 이를테면 자학의 한 형태라고도 할 수 있다. 철학을 통해, 우리의 가장 오래된 확신들과 자기 방어 기제들을 자진해서 허물어트리고 망가트리니 말이다. 따라서 혹 감미로운 노래와도 같은 분위기를 풍기는 철학이 있거든, 그것이 뭐가 되었든 의심스러운 눈으로 바라보아야 할 것이다. 게다가 만약 그것이 지금 여기에서, 모든 것을 위로해줄 수 있다는 이 현재 속에서 우리를 행복하게 만들어줄 수 있다고 주장하는 철학이라면, 우리는 더더욱 그것을 의심해야 할 것이다.

내일과 불확실성을 위해 살기

우리는 어쩌다가 이처럼 현재에 열광하게 되었을까? 에피쿠로스주의자들의 저 유명한 '카르페 디엠'("오늘을 붙잡아라")이 남긴 유산 때문인가? 그런데 이 격언은 본래 특정한 생활규범을 권하기 위해 만들어진 것이었다. 이 생활규범에 따르면, 우리는 불행을 피하기 위해 희망을 몰아내야 하며, 또한 우리가 통제할 수도 바꿀 수도 없는 미래로 투영하는 저 모든 욕망들을 우리에게 불안을 가져오고 나아가 미신을 가져오는 저 모든 욕망들을 몰아내야만 한다. 호라티우스가 카르페 디엠이란 표현을 썼을 때의 뜻도 바로 그러한 것이었다. 그의 글을 일부분 인용해보면 다음과 같다. "그대의 짧은 삶으로부터 긴 희망을 쳐내라. 우리가 말을 하는 사이에도, 질투에 찬 우리 시간은 달아났으리니. 내일의 날에 대한 기대를 가능한 한 접고 현재의 날을 붙잡을지어다."[49] 호라티우스는 에피쿠로스주의자였으므로 그에게 있어 현재에 충실하게 지낸다는 것은 현재 속에서 어렵지 않게 만족시킬 수 있는 쾌락들을, 즉 시작과 끝이 분명한 쾌락들을 찾아냄을 의미한다. "오늘을 붙잡는다"는 말의 의미는 곧 우리가 있을지 없을지 모르는 미래의 진수성찬을 꿈꾸는 일 없이 오늘 우리가 재량껏 누릴 수 있는 무엇만으로 만족하는 법을 익힌다는 뜻이다. 따라서 '행복하다'는 것은 다만 포만의 상태를 의미할 뿐이다. 행복이란 욕구가 충족된 상태, 허기가 진정된 상태, 그리고 언제나 더 많고 더한 것을 바라는 탐욕에서 벗어나, 단순한 만족을 경험하는 상태를 말하는 것이다. 향락자로서 에피쿠로스 본인의 삶은 어떠했던가? 전해지는 말에 따르면, 그는 한 덩이의 빵과 물 정도로도 충분히 행복해질 수가 있었다고 한다.

오늘날의 행복 기법들은 현재의 순간을 찬양하고 또한 현재의 순간이 우리에게 내어줄 수 있는 사소하고 별것 아닌 것들을 찬미하는 경향을 띤다. 과연 이 행복 기법들을 시대를 훌쩍 뛰어넘어 울려 퍼진 고대 에피쿠로스주의의 반향으로 볼 수 있을 것인가? 일단 현대의 행복 기법들 역시 희망의 무력화를 목표로 삼는다는 점에 있어서는 에피쿠로스주의와 유사해 보인다. 현대의 행복 기법들은 우리의 욕망을 잠재우고자 한다. 언제나 약간씩의 불만을 내포하게 마련인 우리의 욕망, 언제나 우리의 시선을 더 나은 미래의 가능성을 향해 이

끄는 저 욕망을 말이다. 현대의 행복 기법들에 따르면, 우리는 그러한 욕망에 따를 것이 아니라, 그 반대로 주어진 것에 만족하는 법을 배워야 하며, 욕망의 저 항구적인 동요에서 벗어나 마음의 평정을 찾는 법을 연마해야 한다. 계속해서 이 기법들의 관점을 따라가 보자. 삶이 우리에게 내어줄 수 있는 것은 삶이 '지금 그리고 여기에서' 우리에게 내어준 것이 전부이며, 그 이상은 어떤 것도 기대할 수 없는 것처럼 보인다. 그런데 우리에게 약속된 모든 것들은 바로 이 '현재'에서 실현되게 된다. 아니, 보다 정확히 말하자면, 현재에는 어떠한 '약속'도 존재하지 않는다. 모든 것이 약속될 것도 실현될 것도 없이 이미 현실화되어 있고 그렇게 이미 우리 눈앞에 펼쳐져 있기 때문이다. 우리는 다만 그러한 삶의 선물들을 제대로 바라보는 방법을 익히면 되는 것이며, 그것들을 받아들이고 붙잡으면 되는 것이다. 행복은 우리 삶의 가장 일상적인 부분 안에 만면에 미소를 지으며 내깔려 있으므로. 이상과 같은 것이 현대적인 행복 기법들이 주장하는 바이지만, 나는 이보다 더 기만적인 주장도 없다고 생각한다. 왜냐하면 행복은 우리가 사물들을 보는 방식에 달려있는 것이 아니기 때문이다. 행복은 제 모습을 드러내기 위해 우리의 주의를 요구하지 않는다. 행복 안에는 어쩔 수 없는 '우연성'이 내포되어 있다. 왜냐하면 이 말은 꼭 해야겠는데, 이 세상은 결코 우리가 그 속에서 행복하라고 만들어진 것이 아니기 때문이다. 따라서 모든 행복 경험의 근원에는 우리의 열망과 세상의 흐름 사이의 예상치 못한 합치가 있는 셈이다. 행복은 우리가 인위적으로 획득할 수 있는 것이 아니라, 언제나 예상치 못하게 우리에게 찾아와 놀라게 하는 무엇이다.

하지만 그럼에도 불구하고 현대적인 행복 기법을 추종하는 이들은 행복이란 아직 일어나지 않은 일에 대한 불안으로부터 벗어나는 '능력'에 달려 있다고 강하게 주장하며, 또 그렇게 믿고 싶어 한다. 그들은 희망의 대상이 되는 모든 것, 따라서 현재적 불만의 근원이 되는 모든 것으로부터 벗어나는 능력이 곧 행복의 열쇠라고 믿고 있는 것이다. 그들은 행복을 길들이고 행복에 한계들을 부여한다. 이 한계들이 일단 설정되고 나면, 행복이 그 바깥으로 빠져나가는 것은 불가능해진다. 그렇게 모든 것이 이 한계 안에 사로잡히지만, 그럼에도 불구하고 희망의 격렬함만큼은 이 한계를 빠져나가게 된다. 그것은 싸구려 행복으로 만족하기를 거부하는 희망이요, 간간이 찾아오는 소강상태 따위가 아니라 근본적인 변혁을 기대하는 희망이기 때문이다. 카르페 디엠의 지혜는 본래 검소함에 대한 권유이다. 그리고 검소하게 산다는 것은 간간이 잔칫상에 참여하여 기쁨을 나눈다는 의미이며, 모자람과 지나침을 모두 피해 적절한 쾌락을 누린다는 의미이다. 한데 우리가 이 에피쿠로스적인 가르침으로부터 받아들인 생각은 다음과 같은 것이다. '행복은 최대의 것을 요구하지도 않고 세상

질서의 전복을 요구하지도 않는다. 오히려 그 반대로 행복은 얼마 안 되는 것들에 곧 제한된 것들에 맞춰질 수가 있는 것이다.' 그렇게 우리는 소소한 쾌락의 순간들을 그러모으게 된다. 지금 이 순간 우리에게 주어진 것보다 훨씬 거대한 행복, 모든 것을 바꿀 수 있을 그런 행복에 대한 희망을 즉각적인 만족과 맞바꿈으로써 말이다.

우리는 위와 같은 생각에 약간의 스토아주의를, 곧 행복은 일어난 일들을 일어난 그대로 받아들이는 능력에 달려 있다는 관점을 첨가한다. 어쨌든 이는 기이한 스토아주의라고 하지 않을 수 없다. 왜냐하면 우리는 이때 스토아주의에서 그 근간을 이루는 생각들 중 하나를 잘라내고 있기 때문이다. 실로 크리시포스와 같은 스토아주의의 초기 대가들이든, 마르쿠스 아우렐리우스와 같은 제정 로마기 스토아주의의 마지막 대변자들이든, 스토아주의자들은 모두 이 세상은 완벽하게 질서가 잡혀있다는 확신 위에서 현재를 받아들이라는 주장을 펼쳤다. 세상 속에서 우리 인간이란 다만 하찮은 일부에 지나지 않으며, 인간은 우주 전체와 마찬가지로 완전무결한 법칙들에 종속되어 있다는 것이다. 그리하여 인간의 소명이란, 제 안의 모든 저항을 잠재우고 이 질서 잡힌 우주의 일부로서 참여하는 것에 있게 된다. 황제가 된 철학자인 마르쿠스 아우렐리우스는 이렇게 외치기도 했다. "오 세상이여! 그대에게 적절한 모든 것은 내게도 적절하도다!"[50] 일어나는 모든 일은 정당하고도 합리적인 필연성에 의해, 곧 스토아주의 자들이 "섭리"라고 부르는 것에 의해 일어나는 것이다. 따라서 섭리에 순응하는 것은 지혜로운 일이다. 우리는 이 우주를 지배하는 필연성에 따라 살아가야하고 우리 자신을 운명의 일부로 만들어야 한다. 달리 말해, 우리는 일어나는 일 이외의 다른 어떤 것도 욕망하지 않는 경지에 이르러야 하는 것이다. "끊임없이 파도가 밀려들어와 거기서 부서지는 곳과도 같은 존재가 되어라. 제자리에 꿈쩍도 않고 머무르는 저 곳의 주변에서, 부푼 파도들은 부서져 가라앉게 되나니." 우리는 또한 결코 "내게 일어나고 있는 일을 좀 봐, 난 운이 없어"라고 말하며 한탄해서는 안 된다. 대신 우리는 세상을 다르게 바라보는 방식을 익히고 "내게 일어나고 있는 일을 좀 봐, 난 운이 좋아"라고 말해야만 하는 것이다. "나는 '난 운이 좋다, 이것이 내게 일어나고 있는 일이로구나'라고 말하고 어떠한 슬픔도 품지 않는다. 나는 내 현재 상황에 타격을 받지도 않고 미래를 불안해하지도 않는다. 그러한 일은 누구에게라도 일어날 수 있는 일이기 때문이다. 하지만, 그러한 일에서 고통을 느끼지 않을 수 있는 능력은 누구에게나 주어진 것이 아니다."[51]

현자가 행복할 수 있는 이유는 그가 인간적인 정념들 및 쓸데없는 욕망들의 혼돈을 극복했기 때문이며, 또한 그가 이 세상의 법칙이 지금과 달라질 수 있으리라는 헛된 희망을 극복했기 때문이다. 우리가 행복에 이르게 되는 것은 판단력의 훈련을 통해서이다. 우리는 사상(事象)을 바로 보고 있는 그대로 받아들이는 법을 배워야 하는 것이고, 그것들의 존재방식을 수정하거나 그것들을 규칙에서 벗어나게 하려는 헛된 노력은 피해야 하는 것이다. 지성은 우리를 행복하게 만들어준다. 지성은 우리에게 영원불변의 인과연쇄에 관한 정확한 앎을—곧 "섭리"에 대한 앎을—주기 때문이다. 섭리는 만물을 지배한다. 그리고 바로 그 "섭리 덕분에 일어났던 일은 일어났고 일어나는 일이 일어나고 일어날 일이 일어나게 될 것이다."[52] 지혜란 다름이 아니라, 이 세상의 질서 잡힌 구조를 주재하는 저 모든 원인들에 대한 이성적인 앎이다. 지혜는 우리로 하여금 저 숙명에 복종할 것을 그것도 자진해서, 단호하게, 절도 있게 복종할 것을 명한다.

우리가 현재를 살아야만 하는 이유는 필연성이 도래하는 장소가 바로 현재이기 때문이다. 현재에서 온갖 일들은 그것이 일어나야 하는 대로 일어나며, 결코 다른 방식으로 일어나지는 않는다. 다른 가능성들이 실현될 수도 있을 별세계는 존재하지 않는다. 우리는 이와 같은 진리를 현실 속에서 확인하고 받아들여야하며, 미래에 대한 기대 내지 주어진 것과는 다른 것에 대한 욕망 따위에 마음을 빼앗겨서는 안 된다. 우리는 희망도 두려움도 없이 맨손으로 당장의 순간과 마주해야 하며, 이 순간의 가차 없는 필연성과 대면해야 한다. 우리는 현재에 그러한 것 이외의 어떤 것도 희망해서는 안 되는 것이다. 이상과 같은 것이 스토아주의의 가르침이다. 요약하자면, "현재의 순간 이전 혹은 이후에 오는 모든 것을"[53] 몰아내고 다만 현재 일어나는 것을 순순히 받아들이라는 것이다. 이러한 태도를 통해 스토아주의가 성취하고자 하는 목표는 마음의 평안이요, 안식이다. 주어진 것과는 다른 것을 얻을 수 있으리라는 기대, 그리고 이 현실과는 다른 현실이 가능하리라는 희망은 우리 마음속에 동요를 일으키는데, 우리는 그러한 동요를 끊어냄으로써 안식을 얻을 수가 있다는 것이다. 마르쿠스 아우렐리우스는 우리에게 다음과 같은 말을 전하고 있다. "만약 그대가 오직 그대에게 주어진 삶을 살아가기로 결심하고 이를 연습한다면, 달리 말해 그대가 오직 자신의 현재를 살아가겠다고 결심하고 이를 연습한다면, 그대는 평온함을 누리게 될 것이다."[54]

필연성에 스스로를 맞추고 어떠한 오류도 있을 수 없는 필연의 흐름을 좇는다는 것은 단지 불필요한 저항을 그만둠으로써 스스로의 힘을 아끼는 것 이상의 의미를 가진다. 필연에의 순응을 통해, 우리는 어떤 일에도 마음이 흔들리지 않는 신들의 초연함을(혹은 스토아주의에 반대하는 일부 사람의 조롱을 따르자면, 돌덩이들의 초연함을[55]) 획득하게 되는 것이다. 아니, 어쩌면 여기서는 신들이나 돌덩이의 비유보다는 스토아학파의 대가들이 직접 든 예시를 따라 줄에 묶인 개의 비유를 드는 편이 더 나을 것 같기도 하다. "어떤 개 한 마리가 줄로 짐수레에 묶여 있다고 해보자. 이 개가 자진해서 짐수레를 따라가기를 원한다고 할 때, 개는 짐수레에 끌려가는 동시에 짐수레를 따라가는 셈이 되고 그렇게 그것은 자기 자신의 자발적인 행동을 필연성과 일치시키게 된다. 다음에는 거꾸로 이 개가 짐수레를 따라가기를 원치 않는다고 가정해보자. 비록 개가 짐수레를 따라가기를 원치 않는다고 하더라도, 그것은 어쨌든 억지로라도 짐수레에 끌려갈 수밖에 없다. 우리 인간들의 사정도 이 개와 마찬가지이다. 설령 우리가 그것을 원치 않더라도, 우리는 어쨌든 우리의 운명을 따라갈 수밖에 없는 것이다."[56] 그러나 이 대가들의 시대와 우리 시대 사이에는 한 가지 중요한 차이점이 있다. 우리는 그 사이에 '나'라는 것을 발견했기 때문이다. 자유롭게 선택을 내리는 주체로서의 '나', 한 사람 한 사람의 단독성과 결부된 이 '나'라는 개념은 그리스와 로마의 현자들에게는 아직 낯선 개념이었다. 어쨌든 그리하여 우리는 오직 현재 속에 자리를 잡고 고요한 행복을 누리라는 스토아적인 행복관은 받아들이되, 막상 스토아주의가 너무나 당연하게 합리적이라고 여겼던 믿음은 내치게 되었다. 우리는 스토아적인 행복관에서, '사람은 이 세계를 다스리는 "필연성"을 제대로 알고 그에 순응해야 한다'는 생각을 지워버린 것이다. 그리고 그렇게 우리는 살균처리가 된 행복 속으로, 수행해야 할 어떤 의무도 존재하지 않는 자유지대 속으로 틀어박히게 되었다. 빈틈도 없이 꼭꼭 자폐(自閉)되어, 보이는 것이라곤 오직 지금 당장의 체험뿐인 공간 속으로 말이다.

이 행복의 요새에는 어딘가 퇴행적인 구석이 있다. 이 요새는 우리와 같은 어른에게 생명 활동을 보조하는 인큐베이터를 마련해주고 우리를 언어와 문화를 배우기 이전 시기로 퇴행시키는 공간인 것이다. 게다가 따지고 보면 그러한 행복의 양상은 스토아의 현인들이 권장했던 바인 운명의 불변적 진리에 순응하는 것과는 거리가 먼 것이며, 차라리 루소가 묘사한 "훌륭한 야만인"처럼 살아가는 것에, 즉 구속도 제약도 없이 책도 글쓰기도 없이 다만 입으로는 노래를 하고 귀로는 음악을 즐기며 살아가는 것에 가깝다. 그러한 존재방식 속에서 사람은 어떤 형태의 소외도 겪지 않는 것으로 상정되며, 그는 지평선 상에 다른 어떤 땅도 보이지 않는 곳에서 마치 개별적인 하나의 섬처럼 살아가게 된다. 그는 자연적 욕구에서 기인하는 가벼운 불편을 제외하면 어떤 고통도 겪지 않으며, 쾌락의 충족에서 기인하는 소소한 행복만을 행복으로 알고 살아가게 된다. 사회 성립 이전에 존재했던 저 야만인을 본받을 때, 우리는 연민과 동정의 감정을 강하게 느낄 수 있게 되며, 심지어 가끔은 일종의 집단적 환희마저 느낄 수 있게 된다. 그리고 이 집단적 환희는 우리가 "함께-살기"라고 부르는 것에서 유래하는 감정이되, 이때의 함께-살기란 지나치게 제도화되지 않은 함께-살기, 지나치게 딱딱하지 않은 함께-살기인 것이다.

어떤 것도 선행하지 않고 어떤 것도 뒤따르지 않는 현재, 과거도 없고 미래의 약속도 없는 현재, 그리고 철저하게 그러한 현재 안에 머무르는 저 행복, 다시 말해, '몰입(Flow)'의 행복을 발명해낸 진정한 발명가는 바로 루소이다. 이와 관련하여 루소가 직접 쓴 다음 대목을 살펴보도록 하자. 어쩌면 루소야말로 긍정 심리학이 말하는 '최적 경험' 이론의 선구자가 아닐까 하는 생각이 들게 만드는 구절이다. "그러한 상황 속에서 사람은 무엇을 즐기게 되는가? 그는 오직 자신의 내부만을 즐기고 자기 자신만을 자기 자신의 존재만을 즐기게 된다. 이러한 상태가 지속되는 한, 그는 마치 신처럼 자족할 수 있게 된다." 여기서 루소가 묘사하고 있는 행복은 현실과 결별한 행복이다. 그리고 그러한 행복을 추구하는 일은 루소 본인의 표현에 따르면 "한가로움에 헌신하기로 결심한 이에게 필수적으로 요청되는 즐거운 일"[57]인 것이다. 그리고 이 점에 있어서, 우리 현대인들은 참으로 역설적인 상황에 놓여 있다고 할 수 있다. 우리는 한가로운 행복의 기반을 마련하기 위해, 쉴 새도 없이 노동을 해야 하는 처지이니 말이다. 어쨌든 루소가 말하는 "자연 상태"의 인간, 곧 사회와 문화에 의해 타락하기 전의 인간은 현대의 행복 요법들이 우리에게 팔아먹으려는 '긍정적 인간'과 동종이다. "나는 그가 배부른 상태로 떡갈나무 아래 누워 있는 것을 본다. 가장 가까운 시냇물로 목을 축인 그는 자신에게 먹을거리를 내어준 바로 그 나무 아래에서 제 몸을 누일 자리 역시 찾아낸 것이다. 그리고 그렇게 그의 모든 욕구는 충족되었다."[58] 이러한 인간은 정념도 이성도 알지 못하며, 어떤 것에 열광하지도 않고 무엇인가에 질문을 던지지도 않는다. 그가 누리는 행복은 사유와 말이 탈각된 행복이다. "육체와 정신의 피로, 슬픔, 그리고 셀 수도 없이 많은 고통들이 (...) 끊임없이 우리의 영혼을 갉아먹는다. (...) 만약 우리가 저 단순하고도 단조로운 삶의 방식을 유지했더라면, 우리는 저 고통의 대부분을 피할 수 있었을 터이다."[59] 이 구절에서 묘사되고 있는 것은 분명 '지금 그리고 여기'의 행복이다. 이는 우리로 하여금 머리를 비우고 명상을 하게 만드는 행복이요, 어떤 불안에도 그리고 어떤 희망에도 동요되지 않는 행복이자, 바깥세상과 그 제약들로부터 벗어난 괄호 안의 행복이다. 우리는 그러한 행복 속에서, "아무리 가까운 미래일지언정, 미래에 대해서는 어떤 생각도 품지 않은 채, 오직 제 현존의 감각에 몰두"하게 되며, 또한 그 속에서는 "볼 수 있는 것들이 제한되는 것과 마찬가지로 우리가 품게 되는 계획들 역시 제한"되게 된다. 이때 우리가 세우게 되는 계획들은 기껏해야 "그날 하루가 끝날 때까지의"[60] 계획이기 때문이다.

하지만 즉각적인 "느낌"으로 환원된 이 행복이 가장 처음으로 맞부딪치게 되는 장애물은 바로 우리 자신이다. 우리는 단순히 존재하는 것만으로는 만족하지 못하며, 우리 자신의 존재를 마치 하나의 이야기처럼 엮어서 스스로에게 들려주길 바라기 때문이다. 폴 리쾨르의 위대한 직관 중 하나가 바로 이 지점과 관련된다. 그는 이렇게 쓴다. "우리 각자에게는 자기 삶을 이야기로 만들어낼 필요가, 그리하여 그가 '자신의 것'이라고 부를 수 있는 총체성을 만들어낼 필요가 있다"고 말했던 것이다. 우리가 스스로의 정체성을 획득하는 것은 그러한 '이야기 엮기'를 통해서이다. "이러한 재구성은 우리의 삶 자체를 말해진 여러 이야기들이 이루는 유기적인 하나의 조직으로 만든다."[61] 단지 사는 것만으로는 충분하지 않다. 우리가 원하는 것은 이야기될 가치가 있는 삶이다. 그렇게 우리는 이름 모를 아무개를 넘어선 '인물'이 되고자 한다. 우리가 직접 경험한 것들 및 우리가 개인적으로 거쳐 온 인생 행로뿐만 아니라, 가공의 이야기들 및 문화적인 작품들에서 우리 삶을 이야기로 꾸며줄 소재를 차용해옴으로써 말이다. 그리고 행복은 이 이야기 속에 사로잡힌다. 자신들의 첫 만남 이야기를 수십 번이고 반복해서 이야기 나누며 즐거움에 젖는 연인들처럼, 우리 역시도 거듭거듭 우리 자신의 이야기의 어조를 조정해가며 그 이야기를 반복하고 그로부터 즐거움을 맛본다. 왜냐하면 행복은 우리의 욕망을 끝내지 않으며, 욕망이란 교정이 불가능한 수다쟁이이기 때문이다.

우리는 언제나 우리 자신에게 이야기들을 들려준다. 그리고 어쩌면, 우리가 '사랑'을 좋아하는 가장 큰 이유 역시도, 그것이 이야기하기 좋은 일이기 때문인지도 모르겠다. 반면 '결별'의 경우는 어떠한가? 결별은 우리를 무력하게 만들고 우리에게 아무런 흥밋거리도 이야깃거리도 없는 무의미한 나날의 연속을 안겨주며, 그렇게 인생은 더는 이야기할 가치가 없으며 따라서 살 가치가 없는 것이 되어버린다. '욕망'은 길고 '쾌락'은 짧다. 욕망한다는 것은 필연적으로 스스로가 주인공인 영화를 공상하는 일이나 마찬가지이다. 우리는 이 상상 속 영화의 장면들을 거듭 되돌려보고 그 배경을 거듭 재구성한다. 욕망하는 데는 시간이 필요하다. 이미 우리가 앞서 언급한 것처럼, 우리가 욕망하는 바들은 마치 '이야기'처럼 조직되어야 하는데, 여기에는 시간이 필요한 것이다. 반면에 쾌락에는 시간이 필요 없다. 쾌락은 일어나자마자 우리에게 만족감을 주는 무엇이기 때문이다. 쾌락은 그저 쾌락일 뿐으로, 그 이상도 이하도 아니다. 쾌락은 이야기를 확장하지 않으며, 쾌락에 대해서는 이야기할 거리도 거의 없다. 우리가 일단 쾌락을 체험하고 나면, 아니 차라리 쾌락을 '거치고' 나면, 우리를 둘러싼 모든 것은 그 이전의 정상 상태로 돌아오게 된다. 그러한 반면, 욕망은 줄곧 우리 뒤를 따라오고 우리를 끈질기게 '추격'한다. 그리고 때로 이러한 욕망의 추격은 강박적으로 느껴지기까지 한다.

바로 그러한 점으로부터, 욕망 충족의 정점에 수반될 수 있는 저 기이한 환멸감이 유래한다. 모든 욕망이 만족되었다고 느껴지는 바로 그때, 우리는 누군가에 의해 말이 가로막힌 듯한 느낌을 받게 되며, 우리가 쟁취해낸 결과에서 오는 만족감이 그러한 쟁취의 추동력이 되었던 것에 곧 해당 결과를 통해 '기대했던 만족감'에 훨씬 못 미친다는 느낌을 받게 되는 것이다. 그리하여 스탕달은 쥘리앙 소렐이 다음과 같은 말을 하게 했다. "신이시여, 행복하다는 것이, 사랑을 받는다는 것이 고작 이런 것에 불과하단 말입니까?"[62] 그렇다. 왜냐하면 욕망은 언제나 욕망의 대상을 과장하기 때문이다. 욕망은 그 욕망이 충족되었을 때 일어날 수 있다고 여겨지는 변화를 부풀리고 과장한다. 욕망이 기대하는 것은 기적들과 위대한 완전연소인 반면, 실제의 '만족'은 기대보다 훨씬 수수한 모습을 띠고 찾아온다. 그리하여 가장 격정적인 사랑에 불타올랐던 이조차도 결국은 "오래도록 욕망해왔던 무엇을 마침내 얻고자 하는 영혼이 빠져드는, 불안스레 마음이 떨려오는 경악의 상태에" 빠지게 되는 것이다. "이 영혼은 욕망하는 것에 익숙해졌지만, 더는 욕망할 것을 찾지 못하게 되었고 그렇다고 아직 추억들이 있는 것도 아닌 것이다."[63] 모든 욕망이 충족된 이 영혼은 더는 이야기할 거리를 갖지 못하게 되고 그렇게 '현재' 속에 갇혀 서성이게 된다.

사실 욕망이란 것은 결코 만족을 알지 못하며, 결코 대상을 지겨워하는 법이 없다. 바로 그렇기 때문에 사랑을 한다는 것은 다만 사랑하는 이를 끊임없이 생각함을 의미할 뿐만 아니라, 사랑하는 이가 눈앞에 있을 때조차도 계속해서 그를 생각함을 의미하는 것이다. 우리가 이 끊임없는 생각을 그만두게 되면, 바로 그때 사랑도 끝이 나게 되고 권태가 욕망을 대체하게 된다. 존재의 언어는 극의 언어에 속한다. 설령 우리 삶 속에 어떤 파국이나 비극이 없다고 할지라도, 삶에는 언제나 어떤 '이야기'의 진행이 포함되기 마련이다. 우리 모두는 이중의 삶을 살아간다. 삶의 한 겹은 우리가 실제로 경험하는 삶의 차원이요, 또 다른 한 겹은 우리가 그것을 언어화하는 차원에 해당한다. 우리는 단일한 한 차원 속에 갇힐 운명이 아니다. 우리의 행복은 '지금 이 순간'의 사람 무기력하게 만드는 볼품없음으로 환원될 수도 없고 사진이 제공하는 파노라마적인 아름다움으로 환원될 수도 없는 것이다. 우리 자신의 활동 공간을 저 안감도 없고 솔기도 없는 단차원적 공간인 '현재'로 제약해야 할 이유가 무엇이란 말인가? '지금, 여기'의 행복이란 한 줄의 말도 적히지 않은 시와도 같은 것이요, 또한 욕망에 대한 사망선고이자 에로틱한 모든 것에 대한 포기선언이다. 이는 우리로 하여금 미래를 내다보게 하고 다른 것을 요구하게 하고 과거를 되짚어보게 만드는 모든 것들을 포기하게 만든다. 하지만 진정으로 행복하다는 것은 그러한 것과는 정반대를 의미한다. 행복하다는 것은 심지어 행복을 겪고 있는 가운데서도, 계속해서 행복을 욕망한다는 것을 의미하기 때문이다.

이상과 같은 점들을 고려하여 우리는 욕망이란 것은 결핍이요, 부족함과 부재에 대한 감각에 지나지 않는다는 결론을 내려야 할 것인가? 그렇지는 않다. 그보다 우리는, 욕망이란 언제나 더 많은 존재를, 더 많은 양과 더 많은 실질을 요구한다는 사실에 주목하는 편이 좋을 것이다. 우리는 식사를 통해 허기를 쫓아낼 수가 있다. 하지만 욕망은 그런 식으로 쫓겨나기를 원치 않는다. 욕망은 행복이 온전히 자기 자리를 차지하길 바라고 행복이 제 모든 약속들을 지키길 바란다. 우리는 우리가 갖지 못한 것에 의해 고통 받는 것이 아니라, 우리가 갖게 된 것에 의해 큰 기쁨을 누리게 된다. 그리고 그러한 기쁨 속에서, 우리는 우리 자신의 벽을 밀어내고 한계를 넓히게 되는 것이다. 행복은 넓게 펼쳐져야 하며, 제 최대한의 가능성을 실현해야만 한다. 사랑과 마찬가지로 행복에도 꿋꿋함과 지속성이 요구된다. 그리고 여기서 문제가 되는 것은 우리에게 결핍된 것에 대한 욕망이 아니라, 존재하는 것이 제 모든 가능성을 충만히 펼칠 수 있기를 바라는 욕망인 것이다.

하지만 그럼에도 불구하고 우리는 현재 속으로 도피하고자 한다. 더는 과거에서 만장일치로 찬양받을 수 있는 황금기를 찾지 못하고 더는 두려움 없이 미래를 예상할 수가 없기 때문이다. 우리는 애써 현재의 풍부함을 믿고자 하며, 그렇게 우리의 "체험"을 기술과 기적의 중간에 위치한 무엇으로 삼고자 하는 것이다. 이러한 '현재주의'는 일종의 마술적 사고방식이다. 현재주의는 현실을(특히 사회적 현실을), 우리 자신을 우리의 욕망들을 우리의 역사를 꼭 존재하지 않는 것처럼 만들어버린다. 이때 우리는 심지어 더는 우리 자신을 거듭거듭 발명해낼 필요가 없게 되며, 우리의 자유를 행사할 필요도 없게 된다. 현재주의 속에서, 우리가 해야 할 일은 다만 거기에 모든 제약의 틀 바깥에 그 순간에 존재하는 것뿐이다. 게다가 현재에 대한 이 매혹은 시간 그 자체를 사라지게 만드는 대업을 이루기도 한다.

우리 자신에게 거짓말을 하지 말자. 사실 우리가 바라는 것은 '영원'이다. 우리는 시간의 흐름을 끝내버리고 싶어 하는 것이다. '지금 그리고 여기'에 대한 찬양은 영원에 대한 욕망을 아주 잘 감추고 있다. 우리는 오래 지속되지 않는 것을 지속시키길 원하며, 흘러가는 것을 본래의 속성으로 갖고 있는 '현재'를 더는 흘러가지 않는 무엇으로 바꾸길 원한다. '순간'을 충실히 살겠다는 명목 아래, 우리는 시간을 정지시키겠다는 미친 꿈을 은밀히 키워간다. "오 시간이여! 그대의 날갯짓을 멈춰라..." 자주 인용되곤 하는 라마르틴의 이 시구는 소위 '지금 이 순간'에 대한 찬양 뒤에 숨어있는 것이 실제로는 영원에 대한 갈망임을 완벽하게 드러내준다. "오 시간이여! 그대의 날갯짓을 멈춰라. 그리고 너희, 복된 시절들이

여! 너희의 흐름을 멈춰라. 그리고 우리로 하여금 맛보게 해다오, 가장 아름다운 나날 속에서 빠르게도 흘러나가는 저 기쁨들을."[64] 모든 행복의 경험 안에는 '현재'로부터 해방되고자 하는 욕망이 담겨 있다. 누구도 그 흐름을 가로막을 수 없는 이 '현재'는 새로운 만남이 이루어지는 장소인 동시에 상실이 이루어지는 장소이며, 무엇인가를 지우는 동시에 그만큼의 새로운 것들을 내어주는 시간이다. 그런데 우리가 바라는 것은 변화가 아니라 영속성이다. 따라서 행복은 결코 현재 안에 자리잡지 않으며, 대신 현재를 영속화하려는 시도 안에 머무르게 된다.

한데 우리가 영원을 갈망하는 이유는 단지 영원이란 것이 불멸하기 때문만이 아니라, 그것이 부동성(不動性)을 띠고 있기 때문이다. 아리스토텔레스는 신을 부동(不動)의 원동자(原動者)로 정의했다. 신은 시작한다는 저주를 알지 못하고 따라서 끝난다는 저주도 알지 못하며, 곧 탄생도 죽음도 겪지 않는 존재라는 것이다. 우리 역시도 그러한 부동의 원동자가 되길 꿈꾼다. 우리는 스스로 신들이 되어 모든 움직임으로부터 해방된 삶의 에테르 속에 기거하기를 꿈꾸며, 모든 것이 우리들 주변을 맴돌지만 그중 어느 것도 우리를 건드리거나 불안하게 만들 수는 없게 되기를 바라는 것이다. 우리가 현재 속에서 바라는 행복이란 시간으로부터도 벗어나고 세계로부터도 벗어난 완벽한 부동성에 대한 몽상이다. 이때 우리는 영원

불변의 행복을 바라는 셈이다. 시들지 않도록 인위적인 처리를 받은 저 약간 무서운 감을 주는 장미들과 같은 행복을 말이다.

그러나 우리는 결국 어쩔 수 없이 이행을 겪게 되며, 우리의 의지와는 무관하게 변화들을 맞이하게 된다. 사실 행복이란 것 자체도 유동적인 것이다. 행복이란 언제나 덜한 행복에서 더한 행복으로의 이행이기 때문이다. 여러 연구들에 따르면, 우리는 새로운 행복 경험들을 받아들이는 과정에서 결국은 기존의 행복에 익숙해지고 말며, 이때 기존의 행복이 우리에게 주는 효용은 0을 향해 떨어지게 된다.[65] 따라서 만족은 행복에 대한 욕망을 끝내지 않으며, 행복은 사실 그것을 영원불변의 것으로 만들고자 하는 우리의 꿈과는 어울리지 않는 성격을 지니고 있는 셈이다. 행복하다는 것은 고정된 상태가 아니며, 그렇게 될 수도 없다. 이는 심지어 경제학적으로도 조명된 진리이다. "사람들은 그들이 갈망했던 재화를 소유하면 소유할수록, 새로운 재화들에 대한 새로운 갈망을 갖게 된다. 그들은 예전에는 그들 스스로의 '멋진 삶'에 필요하다고 생각하지 않았던 것들을 새로이 갈망하게 되는 것이다. 이러한 결과들이 암시하는 바는 다음과 같다. 사람들은 그들이 갖고 있던 기존의 물질적 갈망들이 충족되었을 때, 새로운 물질적 갈망들을 품게 된다. 그리고 이러한 추이 속에서, 그들이 욕망하는 재화의 수는 그들이 이미 소유하고 있는 재화의 수에 정비례해서 늘어나게 되는 것이다."[66] 달리 말하자면, 행복은 행복을 먹고 자란다. 행복은 행복을 부르고 행복을 욕망하며 행복을 희망하는 것이다. 행복함은 행복한 삶에 대한 욕망에 종지부를 찍는 것이 아니라, 그것을 다시금 더 멀리 던지고 정당화하고 심화시킨다. 행복은 희망을 없애버리는 것이 아니라, 새로운 희망의 기반이 되어준다. 행복은 우리에게, 세상에는 우리가 '현재' 경험하는 것보다 더 많은 경험거리가 있음을 그리고 삶에는 모종의 위대함이 있음을 증명해준다. 그리고 우리는 행복한 경험들을 통해, 삶이 가진 위대함의 일부를 엿보고 또한 그 나머지를 새로이 욕망하게 되는 것이다.

현재에 있을 때조차도 우리는 내일을 향해 나아가고 있다. "인간의 가장 소중한 보물은 희망이다. 이 희망은 우리의 슬픔을 어루만져주고 또한 우리에게 현재의 기쁨에 더해진 미래의 기쁨을 생생히 그려 보인다. 오직 자신의 현재에 파묻힐 정도로 심히 불행한 사람들이 있다면, 그들은 어떤 새로운 씨앗도 뿌리지 못할 것이요, 어떤 새로운 것도 건설하지 못할 것이며, 어떤 묘목을 새로 심지도 못할 것이고 어떤 것에 대해서도 대비하지 못하게 될 것이다. 그들은 저 거짓된 기쁨에 갇혀 모든 것을 잃게 될 터이다."[67] 사실 현재의 행복 안에는 행복이 없다. '지금 그리고 여기'의 행복이란 것은 "거짓된 기쁨"인 것이다. 그것은 우리로 하여금 마치 현재의 이전과 이

후에는 아무것도 존재하지 않는 것처럼 살게 만들고 또한 희망이란 것을 내쫓아버려야 할 무엇처럼 생각하게 만든다. 희망은 바로 우리 행동들의 원동자이며, 우리로 하여금 무엇인가를 욕망하게 만들고 새로운 것을 건설하게 만드는 제1의 동기인데도 말이다. 현재주의를 받아들이는 것은 행복해지는 길이 아니라 영혼의 마비상태에 빠지는 길이다. 게다가 '순간' 속에서 살아가는 것은 인간에게 있어 애초에 불가능하다. 곧 현재주의란 다만 허구요, 망상에 불과한 것이다. "그러한 상상의 동면 속에 머무르는 것은 인간의 본성에 있어 불가능한 일이다. 그러한 일의 가능성을 따져보는 것조차 불합리하거늘, 하물며 그렇게 되어야 한다고 주장하는 것은 미친 짓이다. 사람은 행동하기 위해 태어났다. 불이 위를 향해 올라가는 본성을 갖고 있고 돌덩이가 아래를 향해 떨어지는 본성을 갖고 있는 것처럼, 사람은 본성적으로 행동을 향하게 되는 것이다."[68] 만약 우리가 현재에 못박혀 있는 상태라면, 우리는 결코 어떤 것도 새로 시작하지 않을 것이고 어떤 새로운 시도도 하지 않을 것이며, 현재 주어진 것들 이외의 어떤 것도 기대하지 않을 터이다. 하지만 실상은 그와 정반대이며, 이는 우리가 실행하는 각각의 모든 행동이 증명해준다. 성공이 확실시되는 행동과 극히 모험적인 행동 사이에 걸친 모든 행동, 얻는 것이 많을 것으로 예상되는 행동과 얻는 것이 거의 없을 것으로 예상되는 행동 사이에 걸친 모든 행동이 말이다. 즉, 우리는 언제나 주어진 지평보다 더 멀리 있는 표적을 겨냥하며, 세상에는 '지금 이곳에' 우리의 경험 거리로 주어진 것보다 더 많은 경험할 거리가 있다고 생각한다.

우리를 매혹하는 것은 내일이다. 우리가 앞으로 나아가고 없는 것을 만들어내고 분주히 움직이는 이유는 바로 아직 우리에게 주어지지 않은 무엇을 맞이하러 가기 위함인 것이다. 희망을 잃는다면 우리는 실로 부동성을 띠게 될 것이다. 고요함에 머물러 있긴 하지만 동시에 무기력에 빠져 있고 어떤 것에 의해서도 방해받지 않지만 동시에 어떤 계획을 세우는 것도 불가능한, 저 신들의 부동성을 말이다. 사람들은 끊임없이 파스칼의 사유는 비극적이며, 그의 인간관은 어둡다고 말한다. 어떤 것에 의해서도 마음이 채워질 수 없고 어떤 것에 의해서도 위안을 받을 수 없는 것이 파스칼적인 인간이라면서 말이다. 하지만 『팡세』에는 이와 같은 통속적인 해석을 멋지게 반박하는 한 구절이 있다. 이에 따르면, 우리는 주어진 현상에 만족하지 말고 용기를 내어 뜻밖의 것들을 희망해야 하며, "내일과 불확실성을 위해" [69]일해야 한다는 것이다. 우리는 우리들의 계획들을 둘러싼 불확실성에도 불구하고 그것들을 실행에 옮겨야 하며, 설령 희망이란 것이 환멸로 끝날지언정 내칠 것이 아니라, 끊임없이 희망에 새로운 불을 지피며 살아가야 한다는 것이다. 우리가 바라는 것은 내일이고 내일을 바란다는 것은 "불확실한 결과를 위해 일한다는 것을 널빤지 한 장에 의지하여 바다로 뛰어듦을"[70] 의미하는 것이다. 그러한 것이 우리가 짊어지는 위험부담이고 우리의 근본적인 불안이다. 그리고 비록 불확실한 것일지언정 우리가 행복을 '가능한' 것으로 볼 수 있는 것은 바로 저 불안 덕분인 것이다.

기쁨은 대체 어디에 있는가?

우리는 좀처럼 영원을 포기하지 못한다. 그리고 그러한 우리의 경향에 부합하여 유행하게 된 사고방식이 '기쁨' 속에서 영원의 단편을 엿볼 수 있다는 믿음이다. 모자에서 꺼낸 토끼처럼 마술적인 이 믿음에 따르면, 비록 우리가 언제나 행복하게 지낼 수는 없다 해도, 적어도 자주 기쁨을 누릴 수는 있다는 것이다. '안락'하게 지내고 있다는 단순한 감각도 아니요, 방탕자들이 누리는 저속한 쾌락도 아닌 이 기쁨은 우리가 현재의 한가운데에서 겪을 수 있는 일종의 짧지만 강렬한 영원 체험처럼 묘사되게 된다.

이러한 기쁨을 권장하는 이들은 서슴없이 자신들의 주장이 스피노자를 참조하고 있다고 말하고 있다. 그러나 이때 그들이 말하는 스피노자는 새롭게 해석된 스피노자이다. 그리고 이 새로운 해석은 스피노자를 실제보다 훨씬 덜 지적으로 왜곡하고 그를 합리주의자이기보다는 실존주의자에 가깝게 포장하고 있다. 이들의 해석에 따르면, 스피노자는 지나치게 규범적이고 교조적이었던 기존의 철학, 곧 영혼을 우선시하느라 육체를 등한시하고 정신을 살찌우느라 마음을 등한시했던 낡은 철학을 뛰쳐나간 철학자이다. 스피노자는 그렇게 새로운 "윤리학", 곧 삶의 새로운 행동 방침을 창안했는데, 이는 우리로 하여금 "슬픈 정념들"(여기에는 '두려움', '희망', 그리고 또한 '연민'이 포함된다[71])을 지양하고 "기쁜 정념들"(이는 영혼의 힘이며, 당연히 '기쁨'이 포함된다)을 갈고 닦기를 권장하는 윤리학이었다는 것이다. 계속해서 이들의 주장에 따르면, 스피노자가 옹호한 '기쁨'이란 곧 삶을 더 강렬하게 만드는 하나의 형식에 해당한다. 이에 따르면 스피노자는 우리에게 종교 및 각종 사회 규범들의 옹졸한 도덕적 판단으로부터 해방된 행복, 곧 죄의식과 불안에서 해방된 행복을 그리고 자기 긍정과 자기 삶에 대한 확신으로 요약될 수 있는 쾌활함을 권한 셈이 된다.

이 우스꽝스러운 재해석에서 간과한 사실은 정확히 말해 스피노자의 철학에서 인간에게 그러한 '기쁨'을 가져다줄 수 있는 것은 오직 '이성'과 이성의 인도를 따르는 삶뿐이라는 점이다. 스피노자의 윤리학은 다른 무엇이기에 앞서 우선 하나의 합리주의이다. 여기서 사람을 행복하게 해주는 것은 '앎'이지, '기쁨'이 아니다. 우주 전체가 원인들에 의해 다스려지는 것과 마찬가지로 우리 인간들 역시도 원인들의 지배를 받는다. 그리고 '이성'은 그러한 모든 원인들에 대한 틀림이 없고 완벽하며 "정확한 앎"을 말한다. 만사의 필연적인 원인들에 관한 저 합리적인 '앎' 덕분에 우리는 수동적으로 삶을 감내하기를 멈추고 대신 우리의 존재와 행동이 갖고 있는 힘으로부터 활력을 얻을 수 있게 된다. 슬픈 정념이 되었든 기쁜 정념이 되었든, 우리는 더는 우리 자신의 정념에 끌려 다니지 않게 되는 것이다. "애정은 물론 정념의 일종이지만, 우리가 우리의 애정에 대해 명석하고 판명한 관념을 형성해내는 즉시, 그 애정은 정념이기를 그치게 된다. (...) 우리가 우리의 애정을 더 잘 알게 될수록, 애정은 점점 더 우리 자신의 권한 아래 놓이게 되고 우리의 영혼이 그 애정에 의해 고통받는 일은 점점 더 줄어들게 된다."[72] '안다'는 것은 오직 자기 자신의 지성에만 의지함을 의미한다. 그리고 우리를 "능동적"으로 만들어주는 것은 바로 그러한 지성에의 의존이다. 지성에의 의존은 우리가 항구적으로 주변 환경에 의해 동요되는 일을 막아주며, 우리가 각종 사건들로 인해 고통을 받게 되는 사태를 막아주기 때문이다. 그렇게 되면, 우리는 더는 어떠한 마음의 동요도 겪지 않게 된다. 그것이 슬픔에서 일어나는 동요든, 기쁨에서 일어나는 동요든 상관없이 말이다. "외부의 원인들은 수많은 방식들로 우리를 움직인다. 서로 다른 방향으로 부는 바람들에 의해 요동치는 바다의 파도들과 마찬가지로 우리 또한 앞으로 무슨 일이 일어나게 될지, 그리고 무엇이 우리의 운명일지를 알지 못한 채, 동요를 겪게 되는 것이다."[73] "범속한 이"가 갈망하는 행복은 취약하다. 왜냐하면 그 행복은 상황과 끊임없는 변화에 따라 언제든 사라질 수 있는 행복이기 때문이다. 반면에 철학자가 추구하는 행복은 변화를 알지 못한다. 그것은 "영원하고", "무한하며", "잡다한 것이 섞이지도, 슬픔이 섞이지도 않은"[74] 행복이다. 그리고 그러한 행복을 지칭하는 말이 바로 "지복(béatitude)"이다. 본래 이 용어는 신학자들이 '신의 사랑'을 가리키는 데 쓰는 말이며, 오직 그 뜻으로만 사용되는 말이다. 원래의 어의에 따르면, '지복'이란 선민들, 성인들, 복자들이 저 세상에서 주님의 얼굴을 뵙고 주님의 영원 속에서 살아갈 때 비로소 얻게 되는 행복을 가리킨다. 한데 스피노자는 이 영원한 행복을 이곳 지상에서 약속하고 있는 것이다. 그리고 그가 제안하는 이 '지복'이란, 기쁨의 일종이라고는 하지만 사실 엄밀히 따지면 기쁨이라고 부를 수가 없는 무엇이다. 왜냐하면 이때의 기쁨이란 어떤 '증가'나 '성장'에 관련된 것이 아니라, 감정과 정념을 초월한 불변의 상태에 관련된 것이기 때문이다. 그리고 저 불변의 상태란, 불멸의 진리들에 관한 앎이 제공하는 영원 속을 신적인 존재방식에 따라 살아가는 이가 머무르는 상태를 말한다.

따라서 우리로 하여금 가장 큰 자기만족에 이를 수 있게 해주는 것은 이성이며,[75] 기쁨은 슬픔과 마찬가지로 다만 우리가 거쳐 가야 하는 중간 과정에 지나지 않는다. 상대적으로 보잘것없는 완전함과 행동력에서, 더 큰 완전함과 행동력으로 나아가기 위해 밟아야 하는 과정 말이다. 그런데 스피노자는 일개 과정에 불과한 기쁨이 아니라, 과정임을 멈추고[76] 영원 속의 고정된 자산으로 굳어진 기쁨을 향해 나아가고자 했다. 우리를 변화와 무지로부터, 그리고 그것들에서 연유하는 미신으로부터(이때 미신이란 것은 각종 처벌과 보상을 직접 주관하는 신에 대한 믿음에서부터, 자기 자신은 자유로우며 따라서 자연을 다스리는 각종 법들을 초월해 있다는 환상에 이르기까지 무척 다양한 형태을 취할 수 있다) 해방시켜줄 수 있는 것은 존재하는 모든 것들 및 우리에게 일어나는 모든 것들에 관한 이성적인 '앎'이다. 스피노자는 우리에게 긍정적인 정념들을 갈고 닦기를 권장하는 낙천가가 아니다. 그의 목표는 우리들을 '모든' 정념에서 해방하는 것이기 때문이다. 그는 우리가 모든 정념에서 해방되어 이성의 왕국으로 들어갈 수 있기를 바랐다. 이성의 왕국에서, 우리는 모든 것을 이해하게 되고 그렇기 때문에 더는 어떤 것도 수동적으로 감내하지 않게 된다. 스피노자를 '기쁨의 철학자'로 왜곡시키는 이들이 그의 철학에서 누락하는 부분이 바로 이와 같은 합리주의적인 차원이다. 스피노자의 철학에 '기쁨'이란 개념이 있는 것은 맞지만, 그것은 단순한 기쁨이 아니라 사유와 앎의 대상으로서의 기쁨인 것이다.

우리가 기쁨을 누리는 순간들은 무척 드물며, 기쁨을 느낀다는 것 자체가 일종의 사건이라는 점은 인정해야 할 것이다. 기쁨을 느낄 때, 우리는 희소식을 들었을 때처럼 놀라게 된다. 이때 우리가 느끼게 되는 짜릿함은 우리의 긴장이 갑자기 풀어지는 것에서 기인한다. 기쁨은 단순한 쾌락보다는 강렬하지만, 우리를 통째로 먹어치우는 정념보다는 덜 게걸스럽다. 기쁨은 위기의 시대에 적합한 행복의 양식이다. 공포와 엄격함이 지배하는 이 시대에 아무런 제약도 없는 향락이란 부적절하거나 불가능한 것이 되어버렸고, 그렇게 우리는 덜 무모하고 더 합리적인 행복의 양식인 기쁨에 다시금 주목하게 된 것이다. 그런데 그리스도교는 일찍이 기쁨에 매우 특별한 지위를 부여한 바 있다. 그리스도교는 '기쁨'을 '성령의 열매'[77]들 중 하나로 본 것이다. 이에 따르면 기쁨은 은총의 결과요, 인간이 신의 도움 없이 자력으로는 얻을 수 없는 일종의 천부적 재능이 되는 셈이다. 이 경우에 '기쁨'이란 곧 '힘' 내지 '활력'의 동의어가 되며(물론 정확히 말해 그 힘은 '성령'의 것이겠지만), 이는 예컨대 대양을 바라보며 인간이 느끼는 황홀한 행복감과는 전혀 다른 감정인 것이다. '기쁨'의 실체를 정확히 묘사하기 위해, 우리는 니체의 말에서 도움을 빌어야 할 것이다. 그는 역설적으로 그리스도교가 '기쁨'을 무미건조하게 만들어버렸다고 비판하며, 본래적인 '기쁨'을 다음과 같이 묘사했다. "강하고 대담하고 무모한 영혼을 즐기기. 차분한 눈을 갖고 단호한 걸음으로 인생을 헤쳐 나가기. (...) 정신의 쾌활함으로 충만한 모든 음악들에 귀를 기울이기", 그리고 "벅차오르는 눈물에 그리고 저 행복한 인간의 모든 자줏빛 멜랑콜리에"[78] 기꺼이 정복당하기. 여기서 '자줏빛'[8] 삶이란 슬픔을 두려워하지도 않고 스스로의 행복을 부끄러워하지도 않는 삶을 말한다. 한데 그리스도교 신앙은 우리의 기쁨을 맥 빠지는 것으로 만들고 희망을 값싼 위안 속에 담가 질식시킴으로써 저 인생의 자줏빛을 망쳐버렸다는 것이다.

그렇게 니체에 따르면 그리스도교는 불순한 기쁨들과 설탕을 듬뿍 친 행복들을 세상 가득히 풀어놓은 주범이 된다. 하지만 그러한 비판을 내린 장본인인 니체도, 만약 그가 몇몇 설교자들의 글을 읽어봤더라면, 그리스도교를 경건주의와 연민 일색의 경향을 띠고 있다고 싸잡아 매도하지는 않았을지도 모르겠다. 실제로 우리가 앞서 인용했던 프란치스코 살레시오는 믿음과 희망이라는 것이 우리가 제 고통을 진정시키고 불행을 사전에 차단하기 위해 사용할 수 있는 완화제처럼 간주되어서는 안 된다고 말하며, 강한 어조로 다음과 같은 경고를 내린 바 있다. "확실히, 사람들 가운데는 신적인 사랑 속에 있으면서 어떤 즐거움도 느끼지 못하는 이들이 여럿 있

---

8. '자줏빛(pourpre)'은 상징적으로 '권력'을 의미하기도 한다. 군주, 추기경, 집정관 등 권력자들의 옷을 자줏빛 염료로 물들였던 데서 유래한다. 따라서 '자줏빛 삶'이란 '슬픔을 두려워하지도 않고 기쁨을 부끄러워하지도 않는'다는 점에서, 내면화된 어떤 자기검열 기제도 갖지 않은 주체적인 삶을 의미한다고 볼 수 있겠다.

다. 신적인 사랑이 모종의 감각적인 달콤함에 감싸여 있지 않을 때, 곧 그것이 설탕에 절여진 사랑이 아닐 때에 말이다. 이들은 스스로 어린아이들처럼 굴고 있는 셈이다. 우리가 그러한 어린아이들에게 꿀과 빵조각을 주면, 그들은 오직 꿀만을 핥고 빤 뒤에 빵조각은 던져 버린다. (…) 그렇기 때문에 그들은 달콤하다는 이유로 사랑을 따르고 있는 셈이고 달콤함을 맛보지 못하는 경우에는 사랑을 생각하지 않게 된다."[79] 이처럼 프란치스코 살레시오는 니체보다도 한참 이전에 기쁨이 왜소해지고 담대함을 잃는 일을 막고자 했던 것이다. 신자의 기쁨이든 불신자의 기쁨이든, 그 안에 눈물의 기억이 없다면, 그리고 그 안에 삶은 얼마든지 우리의 기대를 배신할 수 있다는 점에 대한 정확한 인식이 없다면, 그러한 기쁨은 실로 설탕과 같은 것에 지나지 않는 행복, 곧 어떠한 영양가도 없는 즉각적인 쾌락이 될 위험이 있다.

여기에 더해, 우리는 보쉬에 역시 참조할 수가 있다. 방임주의와는 한참 거리가 먼, 엄격한 신학자인 보쉬에였지만, 뜻밖에도 우리는 그의 글 가운데서 '무절제함'과 '격렬함'의 실천을 권장하는 한 구절을 찾아볼 수가 있다. 그에 따르면, 신앙은 절제된 기쁨이 아니라 사랑의 정념에 고유한 격정 속에서 양분을 얻어야 한다. 실제로 사랑을 할 때 우리는 사랑하는 이를 온전히 소유할 수 있기를 바라고 그를 '먹어 치우고' 싶어 하지 않던가? "인간적인 사랑의 격정 속에 있는 연인들이 서로를 게걸스럽게 먹어치우길 바라고 어떤 방법을 통해서든 서로를 제 몸의 일부로 받아들이고 싶어 한다는 사실을 모르는 이는 없다. 일찍이 저 시인(루크레티우스)이 말했던 것처럼, 우리는 사랑하는 대상을 소유하기 위해, 대상으로부터 양분을 얻기 위해, 대상과 하나가 되고 그를 통해 살아갈 수 있기 위해, 그 대상을 '이빨을 동원해서까지' 획득하고 싶어 하지 않는가?"[80] 이상과 같은 것이 바로 사랑의 격정이다. 그것은 우리의 정신을 사로잡는 동시에 육체를 굶주리게 만들며, 그리하여 종내 사랑하는 타인을 "먹고" 싶다는 저 미친 욕망으로까지 발전하게 되는 것이다. 그러나 모든 연인들은 그러한 '먹어 치움'이 불가능하다는 사실을 알고 있다. 아무리 열렬한 사랑의 대상이라고 한들 결국 타인은 타인이며, 사랑을 하는 '나'와 '그' 사이에는 결코 줄어들 수 없는 거리가 상존한다. 하지만 인간에게는 불가능한 것이 신에게는 가능하다. 그래서 보쉬에는 다음과 같이 결론을 내리고 있다. "육체적인 사랑에 있어서는 다만 격정이요, 무력함에 불과한 것이 예수 그리스도의 사랑 안에서는 진리이자 지혜가 된다. 받아라, 먹어라, 이것은 나의 몸이다.[9] 먹어 치워라, 삼켜라, 일부분도 아니고 한 조각도 아닌 전체를."[81]

신앙이 영적인 정신요법으로 왜소화된 것은 어쩌면 우리

9. 해당 구절을 포함하여 이번 단락의 모든 서술은 가톨릭의 성체 성사를 참조하고 있는 것이다. 가톨릭에 따르면, 제병(祭餅)과 제주(祭酒)는 성체 성사를 통해 그리스도의 살(성체 聖體)과 피(성혈聖血)로 변화하게 되고 신자들은 그 성체를 모심('먹음')으로써 그리스도와 '한 몸'을 이루게 된다.

의 고려 사항에서 육체를 몰아내고 사랑에서 육체적인 면모를 지워버리는 결과를 낳은 것인지도 모르겠다. 그리고 다시 한 번 보쉬에를 인용하자면, 그는 이 점에 대해서도 신랄하게 비판했다. 그의 시대보다 한층 더 조신하고 '청교도적'이 된 우리의 입장에서는 마음에 거슬리는 부분들이 눈에 띌지도 모르겠지만, 그의 말을 그대로 인용하자면 다음과 같다. "결코 '정신만으로 충분하다'거나, '육신은 우리가 정신과 결합되기 위한 수단일 뿐이다'라고 말하지 말지어다. 주님의 아드님께서 우리 곁으로까지 내려오실 수 있었던 것은 그분께서 스스로 육체를 마련하신 덕분이었다. 우리가 그분을 다시 모시는 것 역시, 그분의 살을 통해서여야 한다."[82] 혹자는 여기서 '해도 해도 너무한다'는 생각을 할지도 모르겠다. 기쁨의 현대적 관념에 채찍질을 가하기 위해, 하다 하다 루이14세 시기 프랑스의 근엄한 설교자인 보쉬에의 말까지를 인용하냐고 말이다. 하지만 내가 굳이 그의 말을 인용한 이유는 그만큼 심히 우리가 '기쁨'에서 육체적인 성격을 몰아내고 있기 때문이고 '기쁨'을 지나치게 감정적인 것으로 만들고 있기 때문이다. 그렇게 함으로써 우리는 동시에 저 모든 자줏빛 행복을 즉 고통에 대해서도 눈을 감지 않는 행복을 잊어버리게 된 것이다.

어쩌면 영성이란 것이 볼품없게 변해버린 이유는 바로 우리가 청교도적이 되어버린 탓일지도 모르겠다. 우리는 불행과 슬픔을 유해하고 부적절한 것이라 폄훼하고 내치면서, 행복을 일종의 도덕률이자 교리로 만들고 있다. 우리는 스스로를 행복할 만한 이이자 행복할 자격이 있는 이로 생각하면서 행복해지는 연습을 하고 있고 또한 행복해지기 위해 갖가지 '살균' 조치와 생활 규범들을 따르고 있다. 우리는 우리가 가진 행복의 자원을 세고 또 세며, 우리의 능력들에 능력들을 보탠다. 왜냐하면 청교도주의란 것은 기본적으로 '공덕'의 종교이기 때문이다. 이에 따르면 구원은 그리고 행복은 그것들을 얻을 만한 공덕을 쌓은 이에게, 그만큼 헌신한 이에게 돌아가게 된다. 신학적으로 볼 때, 이러한 사고방식은 곧 신의 은총을 우리가 신에게서 마땅히 받아야 하는 '보수'로 착각하는 일에 해당한다. 우리는 빚이라도 받아내는 양, 신에게서 구원이나 행복을 마땅히 '받아야 한다'고 생각하게 되는 것이다. 그렇게 우리는 마치 일자리를 구하듯이 구원을 구하게 된다. 사실 구원을 내릴지 말지는 오직 신이 결정할 문제이며, 어떤 인간도 당연하게 구원을 받아야 할 만큼의 공덕을 쌓을 수는 없는데 말이다. 이상과 같은 점들을 고려해 볼 때, 어쩌면 우리는 다른 무엇보다도 계좌들과 지불 증서들을 받을 권리가 있는 채권자로서 경영권을 쥐고 금고 옆에 자리를 잡는 쪽을 선호하고 있는 것인지도 모르겠다. 또한 신전에서 우리가 가장 좋아하는 일은 아마도 경비병 노릇인 듯하다.

긍정적인 불만족

우리가 마주하게 된 난문(難問)은 다음과 같은 것이다. 행복에 대한 우리의 욕망은 어떤 것에 의해서도 꺾이지 않을 정도로 강하지만, 이 욕망은 오직 간헐적으로만 채워지고 그러한 채워짐으로는 우리를 만족시키기에 충분치 않다. 그렇다면, 행복한 경험들 속에서, 우리는 정확히 어떤 일을 겪게 되는 것인가? 욕구가 채워지고 결핍이 메워진 덕에 정적인 만족의 상태를 겪게 되는 것인가, 아니면 꺼지지 않는 갈망 속에서, 한 차례 만족으로는 끝나지 않는 새로운 욕망의 도약을 겪게 되는 것인가? 과연 그 자체로 완결되는 환희를 겪게 되는 것인가, 아니면 또 다른 약속의 땅을 향해 새로운 지평이 열리는 것을 목도하는 가슴 떨리는 감각을 겪게 되는 것인가? 나는 '가슴 떨리는 감각'이라는 표현을 썼다. 왜냐하면 이 감각은 우리에게 확신과 동시에 놀라움을 가져다주고 주어진 것을 확인시켜주는 동시에 아직 주어지지 않은 새로운 것을 계시해주는 감각이기 때문이다. 그럴 때면 마치, 앞으로 우리의 것이 되어야 할 어떤 삶의 방식을 미리 기념하고 있는 듯하다. 행복한 삶의 이러한 면모는 우리가 지금 현재 겪고 있는 느낌 위에 강렬한 존재감을 덧붙인다. 그것은 앞으로의 우리 삶에 얼마나 더 많은 경험 거리들이 있을지를 계시해주는데, 그 새로운 경험 거리들의 수효는 예상을 아득히 뛰어넘을 정도로 많은 것이다.

행복에 고유한 이 계시는 우리에게 차분한 동시에 흥분되는 감정을 전달해준다. 그러한 감정을 느낄 때, 우리는 스스로 '잘' 살고 있다는 판단을 내리게 된다. 그런데 '잘 산다' 정도로는 실제로 표현하고자 하는 바를 나타내기에 한참 모자라지 않을까? 이때 우리가 갖게 되는 것은 마침내 우리 삶이 '마땅하게' 되었고 바람직한 형태를 갖추게 되었다는 확신일 것이며, 그러한 확신을 적확하게 표현할 수 있는 다른 말을 원하게 될 터이다. 우리는 간접 경험을 통해서도 이러한 계시를 받을 수가 있다. 통쾌한 웃음, 한결같은 마음의 증명, 사랑의 고백, 행동의 완수, 용기 있는 행동 등을 접하게 될 때, 설령 그것이 우리가 직접 수행한 일이 아니라 다른 이들이 증명한 미덕이라 할지라도, 저 행복한 삶의 윤곽을, 곧 보다 확실하고 정교하고 진실한 삶의 방식을 발견하게 되는 것이다. 물론 인공적이거나 자연적인 걸작들—알람브라 궁전에 쌓인

눈, 데카르트의 「세 번째 성찰」, 코르바라의 수도원, 프란시스코 데 수르바란의 그림 등—이 갖춘 '아름다움'이 삶의 저 다른 측면을 보다 즉각적으로 드러내주는 것은 맞지만, 우리들 자신의 한결 수수한 행복 경험도 더 광대한 존재방식의 문턱으로 데려다주기에는 충분하다. 그러한 계시들을 뭐라고 묘사할 수 있을 것인가? 행복의 계시를 받아들이는 우리의 모습은 빗대자면 길의 끝에 무엇이 있을지를 보다 잘 살피기 위해 몸을 약간 앞으로 기울인 운전자의 모습과도 닮은 점이 있다. 우리가 가는 길 앞에 놓여 있는 것이 무엇인지를 살피기 위해, 이 여정이 우리에게 약속하는 바가 무엇인지를 살피기 위해 몸을 앞으로 기울이는 것이다. 그 모습은 또한, "가까워, 가까워... 이제 거의 다 왔어"라고 말하는 아이들의 물건 숨기기 놀이[10]와도 닮은 구석이 있다. 행복할 때, 우리는 모종의 강렬한 열망을 느끼게 된다. 그것은 앞으로 더 나아갈 것을 강력하게 권하며, 우리의 가슴을 끓게 만든다. 그렇게 그곳에서 삶이 마땅한 모습이 되는 저 다른 고장을 향해 나아가게 된다. 목적지에 가까이 다가간다... 거의 가까운 곳까지 도달한다. 우리는 불타오른다.

그러면 우리는 행복이란 것이 단지 감정, 성격, 기질의 문제가 아님을 깨닫게 된다. 행복이란 기실 삶 자체의 의미와

---

10. 여기서 언급된 "가까워(Tu chauffes...)"와 "거의 다 왔어(Tu brûles)"는 아이들의 물건 숨기기 놀이(cache-tampon)에서 물건을 찾는 쪽이 숨겨진 물건에 가까이 다가갈 때 나머지 인원이 하는 말이다. 이때 'chauffer'와 'brûler' 동사의 기본적인 뜻은 각각 '뜨거워지다'와 '불타오르다'이다.

관련된 문제이고 또한 삶으로부터 우리가 무엇을 기대할 수 있는 것인지와 관련된 문제이다. 따라서 행복의 문제는 우리가 손쉽게 해결할 수 있는 성격의 것이 아니다. 몇 줄기 햇빛 그리고 몇몇 특별한 순간과 행복을 엮는 것만으로는 행복의 신비를 다 풀기에 한참 부족하다. 행복이란 결코 그러한 경험들로 환원되지 않으며, 그것들은 다만 행복의 전조일 뿐이다. 오히려 그러한 경험들이 드러내주는 바는 행복은 하나의 '일화' 내지 몇몇 아름다운 '장면'들로 요약될 수가 없다는 사실일 따름이다. 행복은 지금까지와는 다른 삶의 방식이 가능하다는 증명이며, 우리는 그러한 새로운 삶의 방식을 따를 소명이 있는 것이다. 여기서 문제가 되는 것은 어떤 '요법'이라기보다는 차라리 하나의 '형이상학'(정당한 의도가 있으므로 감히 이 단어를 사용하도록 하겠다)이다. 행복 안에 모종의 자기 실현적인 요소가 존재할 수 있는 이유는 행복이 우리가 요구해야 마땅한 삶이 무엇인지를, 곧 우리에게 걸맞은 위대함이 무엇인지를 밝혀주기 때문이다. 그리고 우리는 마땅히 행복을 누릴 수 있어야 한다고 주장하게 된다.

'지금 그리고 여기'는 우리의 목적지가 될 수 없다. 우리는 여기 아닌 다른 곳에 속한 존재들로 언제나 '현재'의 만족을 뛰어넘어 더욱 행복해지고자 하는 욕망에 가슴 시려 하며, 언제나 우리의 시선을 보다 멀고 보다 높은 곳으로 옮겨 놓으며, 행복에의 소명에 의해 활력을 얻는다. 물론 우리에게 주어지는 만족들을 싫어하지는 않지만, 동시에 그러한 만족들이 곧 약속되어 있는 것들이 아직 더 많다는 사실에 대한 증거임을 이해한다. 우리는 바로 저기, 우리로부터 두 발짝 떨어진 곳에 있는 절대적인 행복을 두고 그것을 손에 쥐지 못해 안절부절못한다. 우리는 그러한 행복에 대한 추억과 희망을 동시에 갖게 된다. 마치 전생의 경험인 양, 잃어버린 낙원인 양 행복을 추억하고 그와 동시에 마치 그것이 우리를 위해 준비된 미래인 양 행복을 희망하게 되는 것이다. 그간 우리는 소소한 행복들을 통한 인위적 고요 속에 몸을 숨기며 스스로 그러한 기대를 접었다고 상상하고 있었지만, 그럼에도 불구하고 우리 마음속에는 언제나 초조함이 남아 있었다. 부동성(不動性)은 우리가 태생적으로 받아들일 수 없는 성질이었던 것이다.

우리는 언제나 협공을 당하듯, 이곳을 떠나 다음 자리로 이동하고자 하는 끊임없는 계획들에 시달린다. 떠밀리듯이 이동하는 우리의 마음은 결코 이곳에 온전히 머무르는 법이 없고 언제나 저 다른 곳을 향해 있다. 그렇게 자기 자신을 이해하기 위해, 언제나 지난번과는 조금 다른 방식으로 조금 더 먼 곳을 향하게 되는 것이다. "인간의 삶이란 병상을 바꾸고자 하는 욕망에 사로잡힌 환자들이 모인 병원과 같은 것이다. 한 환자가 난로 옆으로 병상을 옮기고 싶어할 때, 다른 환자는 창가 옆으로 병상을 옮기면 자기 병이 나으리라 믿는 것이다."[83] 마음을 비우는 것, 더는 생각을 하지 않는 것, 어떤 것도 방해할 수 없는 '지금 이 순간'의 희박한 공기를 들이마시는 것은 병을 치유하는 데 아무런 도움도 되지 않는다. 우리가 추구하는 것은 안락이 아니라 '더 나은' 삶이며, 이곳보다 더 멀리 나아간 곳에서라면 삶이 더 만족스럽지 않을까 하는 생각에 앞으로 나아가는 것이다. 우리는 끊임없이 변화한다. 이 변화의 과정 속에서, 이 상태에서 저 상태로 옮겨가며, 미래의 일을 예견하고 아직 일어나지 않은 일들을 앞질러 생각한다. 만족감을 맛볼 때조차도, 우리의 마음은 다른 곳을 향해있다. 일찌감치 다음 단계를, 우리가 맛볼 다음 감각을, 우리가 갖게 될 미래의 욕망을 생각하고 있는 것이다. 이는 치료가 필요한 우리 세대의 어떤 질병과 같은 것이 아니라, 우리에게 고유한 존재 방식일 뿐이다. 아마도 오늘날 우리가 정신없이 바쁜 일상에 지나치게 자주 희생되고 있다는 말은 사실일 터이다. 어쩔 수 없이 해야 하는 일들이며 별 수 없이 따라야 하는 일정들이 자신에게서 몰아내고 주의력을 빼앗아 망쳐버리곤 하는 것이다. 그렇다고 해서, '지금 당장'의 순간을 행복의 보증수표처럼 간주하면서 집중력을 그에 맞추고 그 안에 정주하겠다는 것은 잘못되어도 한참 잘못된 생각이다. 우리가 '현재'와 맺는 관계는 결코 진정될 수도, 안정화될 수도 없다. 우리는 언제나 이미 현재를 떠나 다른 곳에 몸을 담고 있기 때문이다. 그리고 이는 다행스러운 일이다. 왜냐하면 바로 그러한 덕분에 우리가 창조적이 될 수 있고 새로운 해결책들을 만들어낼 수 있으며, 참신한 일들을 시작할 수 있기 때문이다.

우리는 "언제나 안절부절못하게 만드는, 아주 자그마한 여러 가지 유혹"[84]에 끊임없이 시달린다. 이는 본래 라이프니츠의 독창적인 의견이다. 데카르트와 동시대 인물인 라이프니츠는 우리 존재의 한가운데에 데카르트적인 평정에서 벗어난 동요와 불안들이 자리 잡고 있음을 꿰뚫어 보았다. 라이프니츠에 따르면, 코기토는 사유라기보다는 차라리 불안에 더 가까운 것이다. 그리고 이 초조한 불안은 '추후의 가능성'이, 곧 '저기 다른 곳'에서는 삶이 더 낫게 바뀔 수 있으리라는 희망이 우리 마음속에 끊임없이 일으키는 파도이다. 그러나 다시 한 번 이 점은 분명히 해두자. 라이프니츠의 탐구는 병리학적인 것이 아니었으며, 그의 목표는 바로잡아야 할 어떤 심리적인 결점을 짚어내는 것이 아니었다. 오히려 저 영원한 욕망의 메커니즘은 우리 자신을 근본적으로 정의하는 기제인 셈이다. 따라서 우리가 경계를 해야 마땅할 때는 '자그마한 유혹들'이 끊임없이 밀려올 때가 아니라, 반대로 가장 암울한 시기에 가장 깊은 슬픔 속에서, 그러한 유혹의 파도가 멎게 될 때인 것이다. 모종의 방식을 통해, 우리는 결코 멈추는 일이 없이 미래를 만들어나가며, 미래로 통하는 길을 열어젖힌다. 그리고 그러한 일은 저 "작은 유혹들", 곧 우리의 바람과 욕망들 덕분인 것이다. 설령 사소한 욕망에 지나지 않는다 하더라도, 나아가 "거의 지각하기 힘들 정도로" 작은 욕망일 때가 많을지라도, 이 욕망들은 새로운 것과 다른 것과 참신한 것들을 만들어낼 추동력을 제공해준다. 삶이 완전히 뒤집힐 정도의 변화는 없을지언정, 적어도 기존 상태에 그대로 머무르는 일은 없게 되는 셈이다.

사소하긴 하지만 끊기는 법이 없는 "사람을 근질근질하게 만드는 욕망들"이 우리를 노린다. "이 충동들은 수많은 다른 작은 용수철들과 마찬가지로 (...) 우리의 몸 기계에 동력을 주어 움직이게 만든다."[85] 다른 곳에서, 다른 방식으로 새롭게 시도하기, 그러한 것이 우리의 타고난 충동이다. 이러한 충동의 존재를 통해, 우리 마음 속 깊은 곳에는 모종의 희망과 확신이 깃들어 있다는 사실을 알 수 있다. 그 희망이란 곧 보다 더 많은 것들이 운명적으로 주어져 있으리라는 희망이요, 그 확신이란 곧 세상에는 여전히 탐험되지 않은 땅들이 남아있으리라는 확신, 그리고 세상에는 여전히 우리가 예상치도 못했던 가능성들, 그러니까 우리가 새로 개척할 수 있는 가능성들이 남아있으리라는 확신이다. 따라서 불안이란 것은 사실 희망 내지 확신과 꼭 마찬가지의 것이다. 다른 곳으로 나아가면 언제나 새로운 무엇인가가 우리를 기다리고 있으리라는, 맹목적이지는 않지만 집요함을 잃지도 않는 저 희망과 확신 말이다. 더 나은 것에 대한 이 희망은 우리가 현재에 만족하는 것을 가로막는다. 우리의 삶에는 언제나 더 많은 체험 거리와 더 많은 약속된 것들이 남아있는데, 지금 당장의 현재 는 이것들을 담아낼 수가 없기 때문이다. 이러한 사정은 우리 의 행복 경험들에 있어서도 마찬가지이다. 우리가 현재 체험 하는 바는 앞으로 일어나야 하는 일에 대한 예고이자, 우리가 갈망하는 보다 높은 삶에 대한 전조에 해당하는 것이다. 행 복은 이러한 우리의 갈망에 종지부를 찍지 않는다. 왜냐하면 행복이란 어떤 이상이 우리에게 불러일으키는 참기 힘든 욕 망이자 충동이기 때문이다. 설령 아주 작은 충동이라 하더라 도, 그것은 행복의 이상이 일으키는 충동이며 우리를 움직이 게 만드는 충동이다. 이처럼 우리는 절대적인 행복에 대한 욕 망에 사로잡혀 있지만, 그렇다고 해서 그러한 사실이 우리가 현재 느끼는 바를 무가치하게 만들지는 않는다. 우리가 현재 느끼는 것들 덕분에 저 '절대'라는 것이 환상이 아님을 확신 할 수 있고 또한 절대가 그려 보이는 것이 우리 삶에 있어 실 제로 가능한 차원의 위대함임을 확신할 수 있는 것이다.

우리가 경험하는 불만족은 긍정적인 것이다. 왜냐하면 그 것은 결핍이 아니라 동기이기 때문이다. 그것은 비록 불안이 긴 하지만, 그 불안은 모종의 확신과 연관되어 있다. 곧 삶에 는 우리를 위한 수많은 약속들이 내포되어 있으며, 우리는 행 복한 순간들을 통해 그 약속들의 달콤한 맛을 미리 본다는 확 신 말이다. 라이프니츠는 이 불만족의 관념을 단순한 영혼의 상태에, 곧 우울 혹은 항구적인 환멸감에 결부시키지 않고 대신 그것을 우리가 누구인지를 설명해줄 수 있는 유일한 개념, 즉 삶이 우리 인간들에게 의미하는 바가 무엇인지를 설명해줄 수 있는 유일한 개념으로 삼음으로써 불만족의 관념에 철학적 기품을 부여했다. 우리를 살아있게 만드는 것은 바로 저 끊임없이 밀려드는 내면의 파도이다. 존재한다는 것은 움직임 속에 있다는 것을 의미한다. 우리는 저 불안의 측량사들이다. 불안은 우리를 "능동적으로 만들고 깨어있게 만들며, 더 먼 곳으로 나아갈 수 있다는 희망으로 가득 차게" 만든다. 불안은 우리 욕망에 고유한 맛이요, 욕망의 "톡 쏘는 소금"[86]이다. 요새 속의 행복은 인공적인 휴식을 제공하는 반면, 불안은 정반대로 마치 바늘처럼 우리를 찔러댄다. 하나 그러한 불안이 없다면, 우리는 더 이상 무엇인가를 바랄 수 없게 될 것이다. 우리의 의지를 자극하고 일으키고 뒷받침해주는 것은 바로 저 불안이기 때문이다. 불안은 우리의 연료이자 우리 체내를 도는 피의 흐름이다. 불안 덕분에 우리의 삶이 앞으로 또 어떤 수많은 것들을 희망하게 해줄지를 주의 깊은 눈으로 계속해서 살필 수 있다. 이러한 긍정적인 불만족은 기쁨뿐만 아니라 사랑 속에서도 찾을 수 있다. 불안은 마치 확실한 즐거움처럼 사랑의 결심에 동반하기 때문이다. 라이프니츠 역시 거듭해서 이렇게 말한다. 불안은 우리 자신의 구성요소이자 우리의 존재 방식이라고 말이다. 그렇기 때문에 우리가 현재 느끼는 감각들을 고정된 것처럼 포착할 수가 없다. 우리의 감각들은 마치 행진을 하는 것처럼 미래를 향해, 곧 아직 일어나지 않은 일들을 향해, 저항할 수 없는 매력을 느끼며 나아가기 때문이다. 행복 역시도 이와 마찬가지이다. 행복은 어떤 상태라기보다는 하나의 움직임이요, 그 자체로 완결되어 있는 폐쇄적인 한순간이라기보다는 다른 무엇을 향한 '시작'에 훨씬 더 가깝다. 그리고 이때 시작되는 것은 이제 막 그 가능성이 계시된, 행복한 삶, 아니, '절대적으로' 행복한 삶이다. 우리는 그렇게 모습을 드러내는 저 행복의 절대성에 의해 안절부절못하게(달리 표현하자면 짜릿한 흥분 속에서 고양되게) 된다.

우리가 말하는 불안이란 실망감과는 전혀 무관한 감각이다. 그것은 행동의 결과 차원에서 일어나는 것이 아니라, 행동 자체의 차원에서 일어나는 불안이기 때문이다. 행동하는 가운데 불안은 개미떼처럼 우리 몸을 뒤덮고 우리가 행동을 완수하기도 전부터 동요시킨다. 행동은 우리 몸을 근질근질하게 만든다. 그것은 변덕이나 싫증과도 전혀 무관한 감각이다. 비록 돌발적인 욕망들과 갑작스러운 변화들이 현기증을 일으키긴 하지만, 그것을 방황이라 부를 수는 없다. 우리는 행복한 동시에 불만스러운 상태에 놓이게 된다. 이러한 모순에 대해서는 다시금 해명이 필요할 것 같다. 이를 해명하지 않는다면, 이러한 사실은 우리가 영영 결핍에 시달릴 운명임을 나타내는 것이며, 무엇인가가 계속해서 우리에게 결핍을 일으키고 있고 행복해지는 것을 가로막고 있음을 의미한다고 생각하게 될지도 모르니까 말이다. 그러나 근본적 불안의 의미는 그러한 것이 아니다. 어떤 결핍도 없는 행복의 한가운데서조차 우리가 불안을 느끼게 되는 이유는, 한편으로는 그 행복을 즐기면서도 다른 한편으로 그것은 다만 우리가 마땅히 받아야 할 것들 중에서 미리 받은 일부에 지나지 않는다는 생각을 품게 되기 때문이다. 만족은 행복한 한순간 속에서 끝나지 않는다. 그것은 저 다른 곳에는 보다 더 삶다운 삶이 우리를 기다리고 있고 언젠가는 그런 삶이 우리에게 귀속되리라고 믿게 만드는 것이다. 이상과 같은 이유로 행복이란 결코 "사람을 무감각한 멍청이로 만드는 완벽한 소유 속에 있지 않고 더 대단한 재산의 형성을 향한 중단이 없고 연속적인 발전 도상에"[87] 있게 한다. 행복하다는 것은 물릴 정도로 먹어 배부른 상태가 아니라 새로운 출발들을 위해 준비된 상태를 의미한다. 우리가 현재 겪는 만족들은 다만 새롭게 입맛을 다시게 만들어줄 뿐이며, 삶의 진수란 향연이 되는 일에 있다는 사실을 우리가 믿어야 할 추가적인 이유들을 제공해줄 뿐이다.

저 긍정적인 불만족이 없다면 어떤 결정도 내릴 수 없게 될 것이다. 긍정적인 불만족, 이 신비로운 시동장치는 우리의 의지에게 비로소 단호하게 될 수 있는 힘을 부여해주는 것이자, 또한 의지가 언제든 빠져버릴 위험을 갖고 있는 저 무기력으로부터 우리의 의지를 건져내주는 무엇이다. 이러한 불안이 없다면, 어떤 것도 우리에게 진정한 영향력을 미칠 수 없을 것이며, 어떤 것도 우리를 매료시키거나 우리의 주의를 오래도록 붙잡아둘 수가 없을 것이다. 불안은 우리의 현재가 밀도를 갖출 수 있게 하고 새로운 욕망 혹은 다시금 솟구쳐 나온 이전의 욕망으로 현재를 끓어오르게 만들며, 또한 현재를 도약판으로 만들어주어, 우리가 그것을 내딛고 다른 곳으로 나아가 새로운 것들을 보고 새로운 행동을 할 수 있도록 만들어준다. 일련의 미세한 변화들인 불안을 통해 일찌감치 삶은 이전과 달라졌으며, 이미 삶의 다음 단계를 통과하고 있음을 우리에게 알려준다. 라이프니츠는 우리가 직접 스스로의 삶 속에서, 시계추의 끊임없는 왕복과도 같은 저 항구적인 움직임을 인지해볼 것을 권한다. 사실 라이프니츠의 모국어인 독일어에서, "운루어(Unruhe)"라는 단어는 "불안"을 의미하기도 하고 "시계추"를 의미하기도 한다.

이러한 불안, 이 항구적인 근질거림은 끊임없이 우리의 동기를 자극하는 속삭임이요, 가장 보잘 것 없는 희망을 포함한 모든 종류의 희망들이 부여하는 도약의 힘이다. 그것은 고요한 갈망이고 또한 행복해지고자 하는 우리 욕망의 움직임 그 자체인 것이다. 따라서 현재는 결코 휴식의 시간이 될 수 없으며, 다만 근질거리는 불편의 감각으로부터 기운을 되찾

앉다는 감각으로 넘어가는 반복적 전환의 시간일 뿐이다. 라이프니츠의 설명에 따르면, 우리는 결코 완전한 "안락"을 얻을 수 없지만, 그럼에도 불구하고 그러한 상태에 도달하기 위해 노력하게 된다. "우리의 본성이 거두는 사소하지만 연속적인 성공들은 조금씩 쌓여 더미를 이루고 성공은 거듭됨에 따라 점점 더 쉬운 일이 되어간다. (...) 성공의 축적은 그 자체로 우리에게 큰 즐거움을 가져다준다. 이 즐거움은 심지어, 성공을 통해 손에 넣은 이득 그 자체가 주는 기쁨보다도 더 강렬할 때가 많다."[88] 긍정적인 것은 결코 거저 주어지지 않는다. 긍정적인 것은 수많은 사소한 불행을 극복한 결과로 얻어지며, 수없이 많은 갈망들에 의해 이루어진다. 한데 현재가 곧 끊임없는 변화라고 한다면, 그러한 현재의 '순간' 속에 잠겨드는 것에 대체 어떤 의미가 있단 말인가? 명백하게 무심한 태도를 보이는 가운데서든, 혹은 대성공을 맛보고 있는 가운데서든, 우리는 언제나 새로운 것을 욕망하기를 그치지 않으며, 추력에 떠밀려 다음 행동으로 나아간다. 더 나은 존재가 되기 위해 어떤 일이든 행하기, 행복해지기 위해 분투하기, 그러한 것들이 바로 우리의 독특한 존재방식이다. 우리는 내면에서 더 나은 삶과 행복을 추구하는 삶의 움직임이 일어나고 있음을 느끼고 또한 시시한 자족을 가로막는 희망의 존재를 느낀다. 우리 마음속의 불안은 저 높은 곳에 자리를 잡는 일이 얼마나 당연한 것인지에 대해 속삭이고 그렇게 저

'높은 곳'들에 대한 열망에 사로잡히게 한다.

이제는 어떤 점에 있어서 불만이란 것이 긍정적인 것인지 더 잘 보이는가? 이제는 어떤 점에 있어서 불만이란 것이 근본적으로 행복에의 부적응과 차이가 있는지 더 잘 보이는가? 불만이 우리에게 요새 속의 행복에 대한 경향을 거의 부여하지 않는 이유는 그것이 행복이란 것은 하나의 사건이 아니라 마땅히 우리가 받아야 할 무엇이라는 확신을 주고, 우리 등을 떠밀어 앞으로 나아가게 하기 때문이다. 따라서 희망은 행복의 필수적인 구성요소이다. 희망이 우리를 살게 한다는 말은 백 번 옳다. 왜냐하면 희망은 우리의 삶 속에서 행복에 대한 약속을 보기 때문이다. 그리고 이 약속은 우리에게 활력을 불어넣고 불안하게 만들고 만족 그 자체를 넘어서 더 많은 것들을 추구하게 만든다. 행복에의 약속은 희망을 초조하게 만들고 희망을 단순한 몽상보다는 실제적인 위험에 가까운 것으로 만든다. "그것이 지고의 위험인 탓에 사람은 비로소 삶에 희망을 걸 수 있다."[89] 어쩌면 이 말의 의미는 같은 뜻을 가진 다른 말을 통해 더 잘 이해될 수 있을지도 모르겠다. 앞의 인용문을 다시 풀어보자면 다음과 같다. '우리가 희망하기를 그치는 순간, 우리는 또한 그 어떤 것이 되었든 삶에 대해 기대하는 일도 그치는 셈이다.' 희망을 잃어버릴 때, 우리는 움직임을 잃어버리고 존재에서 본질을 몰아내게 된다. 거꾸로 우리가 삶의 현실 속에서 기꺼이 감수할 만한 위험을 발견하게 될 때, 우리의 마음속에 희망을 간직하는 셈이 된다. 새로운 시작들에 관한 희망, 마저 완수해야 하는 행동들에 대한 희망, 그리고 새롭게 도래하게 될 현실들에 대한 희망을 말이다.

삶이 반복과 단조로움 속에 파묻히지 않기 위해서는 희망의 담대함이 절실히 필요하다. 희망한다는 것은 삶이 자신 앞에 놓여 있음을 아는 일이다. 나이가 몇이든 상관없다. 희망이란 결코 그 비축분이 소진되지 않는 확신이자, 지금 있는 곳에 계속해서 머무르지는 않겠다는 의지이다. 이는 많은 일들에 정신없이 한다거나, 단순히 일에 사로잡혀 있는 것을 의미하지 않는다. 중요한 것은 삶의 활발한 생명력 속에서 희망하는 일이다. 불안은 우리의 건강에 이롭다. 불안은 우리를 찾아와 우리의 무력함을 흩어버리며, 우리 안에서 "반항하는 성질을 지닌 무엇인가에 불을"[90] 놓아, 현상에 대해 쉽사리 만족하는 것을 가로막는다. 이는 나태함과의 전투이며, 이 전투를 통해 더 많은 자유를 획득할 수 있게 된다. 대개의 경우 우리는 그저 주어진 삶을 불만도 야망도 없이 순순히 살아갈 뿐이다. 그러한 점을 고려해 볼 때, 주어진 삶에서 빠져나와 다른 길로 분기할 수 있는 힘인 이 자유는 무척이나 드물고 귀한 자유인 셈이다.

정열적으로 산다는 것은 과연 더 높고 더 행복한 삶에 대한 저 희망을 품고 살아간다는 말과 동일한 말인가? 그렇지 않다. 오히려 정반대로 정열이란 것은 우리가 보기에 우리를 구성하는 저 불안정한 움직임을 멈춰 세우는 인위적인 정지 지점들로 보인다. 정열들은 욕망의 결정화(結晶化) 현상에 해당한다. 이 현상 속에서 우리의 욕망은 행복에 필수적인 조건이라고 상상하는 어떤 대상 혹은 인물 앞에 가로막히게 된다. 이때 우리의 욕망은 자칫 강박증에 이르기까지 해당 대상 혹은 인물에 고착될 수가 있고 대상을 물신화할 수가 있으며, 행복의 일부에 불과한 정열의 대상을 행복의 모든 것으로 곧 행복 그 자체로 착각할 수가 있다. 이는 끊임없이 움직이고자 하는 우리의 불안정성에 입마개를 씌우는 일에 해당하며, 그러한 부동성은 우리의 욕망을 메마르게 하고 역설적으로 욕망을 빈곤하게 만든다. 따라서 정열이란 것은 강렬함을 지닌 무엇이 아니라, 욕망의 불을 꺼트리는 무엇에 해당하는 것이다. 우리는 더는 앞으로 나아가지 않고 정열의 대상에 맹목적으로 집착하게 된다. 모든 정열은 질병화된 희망이다. 왜냐하면 정열은 어떤 유일한 대상에게 우리의 모든 기대들을 하나로 모아주고 만족시켜줄 힘이 있다고 믿기 때문이다. 우리는 그릇되게도 소유가 우리를 행복하게 만들어줄 수 있다고 생각하곤 한다. 예컨대, '만약 장-클로드가 나를 사랑해 준다면, 그가 내 것이 된다면, 나는 더는 어떤 것도 바라지 않게 될 거야'라거나, '내가 관리자의 직위를 얻게 된다면, 더는 어떤 다른 것도 바라지 않게 될 거야'처럼 말이다. 정열 안에는 모종의 인색함 및 결핍에 대한 두려움, 그리고 소비에 대한 공포가 있다. 정열은 고정되는 순간에 탈진한다. 정열에 찬 이는 소유자의 정신을 갖고 있다. 그는 도난의 대상이 될 수 있는 자신의 모든 소유물들 때문에 미쳐버릴 지경이다. "내 금고 어디 갔어?"라는 수전노의 외침, 그러한 것이 바로 정열의 외침이다. 수전노는 자기 정열의 대상을 잡고 싶어하고 또한 수인(囚人)을 옥에 붙들어 놓듯이 한번 잡힌 대상을 줄곧 자신 곁에 붙잡아 두고 싶어 한다. 그리고 이러한 예속화 속에서 예속되는 것은 또한 그 자신이다. 그는 욕망을 어떤 유일한 대상과 결부시킴으로써 그 욕망을 옥에 가두었다. 하지만 진정한 행복은 이와는 전혀 다른 것이다. 행복은 우리를 욕망하게 만드는 움직임을 멈추지 않으며, 그 움직임에 수반되는 불안 또한 멈추지 않는다. 행복은 오히려 그것들을 부추긴다. 어쨌든 행복이 추구하는 것은 특정한 대상이 아니라, 그 자신이 열려 있는 다른 삶의 방식이기 때문이다.

희망한다는 것은 소유를 바라는 것이 아니라 위험을 무릅쓰는 것을 의미한다. 이는 앞서도 언급한 사실이지만, 다시금 반복해 강조하도록 하자. 그러지 않기에는 희망이란 것을 환상에 상상 속으로의 도피에 자진해서 받아들이는 맹목에 결부시키려는 경향성이 너무 강하기 때문이다. 설령 우리가 "심각하게 쇠약해졌고 괴롭힘 받았고 끝장이 난" 상태에 있더라도, 희망은 우리로 하여금 미쇼가 다음과 같이 정리한 강렬한 문구를 따라 자문하게 만든다. "오늘은 또 내가 어떤 위험을 감수할 수 있을까?"[91] 이는 희망에 대해 내릴 수 있는 가장 훌륭한 정의이다. 희망은 행동의 원천이자 연료로서, 우리의 행동 하나하나에 깃들어 있다. 그리고 그것이 위험의 감수와 동의어가 되는 까닭은 이 세상에서는 그 무엇도 확실하거나 결정적인 것이 없기 때문이다. 우리의 현실은 예측이 불가능한 것들과 위험한 것들로 가득차 있으며, 일어나리라 예상했던 일이 일어나지 않거나 지속되리라 예상했던 것이 금세 사그라드는 일도 잦다. 바로 그렇기 때문에 우리가 현재와 관계를 맺는 방식은 그러니까 우리 자신을 세계의 흐름 속에 새겨 넣는 방식은 희망을 통한 방식이 될 수밖에 없는 것이다. 일종의 도박이나 마찬가지인 이 희망의 방식은 또한 자유의 방식이기도 하다. 희망을 통해, 우리는 감히 자신의 선택과 의지를 세계에 내어놓고 밀어붙일 수 있기 때문이다.

만약 세상의 모든 것이 확실하다면, 우리는 휴식을 추구할 수 있을 것이고 사물들의 필연적인 질서를 좇을 수 있을 터이다. 그렇게 되면 사실상 우리는 행복이란 것을 그 무엇에 의해서도 흔들리거나 동요할 일이 없는 행복의 요새 안에서 알게 될 수 있을 것이다. 그리고 세네카와 마르쿠스 아우렐리우스 등의 모범을 따라, 현대의 스토아주의자로 살아갈 수 있을 것이다. 만약 그와는 정반대로 세상 모든 것이 불안정하며, 어디에도 확고한 기반이나 안정적인 토대가 존재하지 않는다면, 우리는 미래에 대해 어떤 기대도 걸 수 없게 될 것이며 어떠한 계획 속에 뛰어드는 일도 불가능하게 될 것이다. 그러한 세상에서는 어떠한 계약도, 약속도 존재하지 않을 것이며, 어떠한 충직함도 어떠한 언약도 있을 수 없게 될 터이다. 그때 행복이란 오직 '오늘' 그리고 '이 순간'에 주어지는 것들을 붙잡는 일이 될 것이다. 왜냐하면 이후로 다시는 그러한 기회가 주어지지 않을지도 모르기 때문이다. 그리고 우리는 에피쿠로스주의자가 될 것이다. 그런데 실로 앞에서 가정된 두 가지 경우 모두에서, 더는 불안을 곧 희망과 결코 뗄 수 없는 관계에 놓인 무엇을 알지 못하게 될 것이다. 불안은 희망과 불가분하다. 왜냐하면 가장 확실한 예상조차도 그 실현 여부가 결코 보장되지 않고 일어날 법 하지 않은 일들은 언제든 새로이 일어날 가능성이 있는 실정 가운데서, 희망을 가지는 일에는 언제나 위험이 도사리고 있다고 보는 편이 정확하기 때문이다. 그렇기 때문에 희망이란 언제나 불안한 것이고 충족되지 않은 욕망이며, 앞으로 나아가게 하는 근질거림이다.

그러한 불안을 부정하면서 행복을 얻는 것은 불가능하다. 행복은 불안을 끝내는 것이 아니라, 도리어 불안의 과정 속에 참여한다. 우리는 '여기' 혹은 '저기'에서 혹은 어떤 순간들에 행복하기를 바라는 것이 아니다. 예컨대 '지금 그리고 여기'서 행복하기를 바라는 것이 아니라, '절대적으로' 행복하기를 희망한다. 그리고 이 '절대'는 우리 가슴을 후벼판다. '평온함'이란 것을 한낱 공상으로 만드는 치유불가능한 간지럼증의 정체도 바로 저 '절대'에 대한 욕망이다. 하지만 이러한 인식이 다소 해탈한 투로 한숨을 내쉬며 "언젠가 좋은 날도 오겠지..."라고 읊조리는 태도로 귀결된다고 착각하지는 말자. 희망은 수동성이 아니다. 진지하고 성숙한 정신을 가진 몇몇 이들은 우리가 말하는 '희망하기'란 다만 몽상을 현실처럼 여기는 일에 불과하다고 말하며 반대의견을 던질 수도 있다. 하지만 그러한 이들에게 우리는 이렇게 답해야 할 것이다. '실로 희망하기란 꿈을 현실처럼 여기는 일이 맞다. 하지만 모든 꿈들이 바람이나 연기처럼 허무하게 흩어지는 것은 아니며, 흥분된 상상력이 그려낸 몽상인 것은 아니다.' 근본적인 문제는 희망이란 것이 이치에 합당한 것일 수 있으며, 삶의 의미는 희망 속에 있다는 사실을 우리가 살면서 점차 거부하게 되었다는 점에 있다. 희망은 비현실적인 것을 겨냥하는 것이 아니라, 마땅히 이루어져야 하는 바를 겨냥한다. 희망은 우리에게 명령처럼 다음과 같은 하나의 의무를 부과한다. 즉 "그건 그런 거야" 내지 "이미 그렇게 되었어"와 같은 말을 하면서 자족하지 말라는 것이다.

신화화된 '현재의 순간' 속에서 피난처를 구하게 된 이유는 우리가 희망하는 법을 잊었기 때문이고 불확실한 것을 바라기를 거절했기 때문이다. 하지만 이 과정에서 현실을 가장 많이 외면하는 자, 현실로부터 가장 멀리 떨어지게 된 자는 과연 누구인가? 희망하는 자인가, 아니면 행복의 요새 안에 틀어박혀 더는 앞으로 나아가지 않는 자인가? 다음 중 누가 더 현실적인 사람인가? '현재의 순간'이라는 금빛 감옥에 스스로를 구금한 자인가, 아니면 더 나은 삶을 향한 여지를 마련하는 자인가? 다음 중 누가 더 합리적인 사람인가? 주어진 그대로의 세계에 순응하는 자인가, 아니면 마땅히 그렇게 되어야 할 미래의 세계를 준비하는 자인가? 희망은 실현할 수 없는 공상 내지 몽상들의 집합이 아니다. 희망한다는 것은 어떤 다른 세계가 아닌 우리가 살아가는 바로 이 세계를 살아가면서, 실제로 존재하는 것들에 의지하여 새로운 것들을 희망함을 의미하는 것이다. 별세계가 아니라 바로 이곳, 이 세계 속에서, 우리에게 아직 없는 것들을 갈망한다. 요컨대 희망이 우리에게 주는 큰 교훈은 상당히 단순한 것이다. 우리는 언제나 '아직 해야 할 일들이 남았어'라고 생각하는 법을 배워야 한다. 그리고 그렇게 살다보면, 언젠가 죽음이 찾아왔을 때, 죽음은 "여전히 풋풋한 과실을 따게 될 것이다." 희망하기를 멈추지 않는 삶을 풋풋한 과실에 빗댄 이 표현 역시 미쇼의 것이다. 이를 훨씬 별로인데다가, 아마도 더 많은 감상주의가 섞인 것 같은 나의 표현으로 바꿔 말하자면 다음과 같다. '희망은 젊음을 유지시켜준다. 희망은 나 자신과 이 세계를 무력감과 노화로부터 보호해준다.'

희망은 가장 하찮은 현재조차도 미래로 감싸 덮는다. 희망은 우리는 언제나 현재의 우리 자신보다 대단하고 인생에는 언제나 지금 겪는 일보다 더 많은 경험 거리가 존재한다는 확신에 기반해 있다. "당신은 저 남자를 본다. 그는 육중한 살의 무게에 짓눌려있고 커다란 두 발을 지금 있는 자리에 뿌리처럼 붙박고 서 있는 사내이다. 당신은 그의 몸 쪽으로 손을 뻗으며, '그는 여기 있다'라고 말한다. 그러나 이는 사실이 아니다."[92] 그 말이 사실이 아닌 이유는 산다는 것은 더 나은 삶에 대한 희망을 가지는 것을, 곧 행복이 약속해주는 '더 높은 삶'에 언젠가는 도달할 수 있으리라는 희망을 가지는 것을 의미하기 때문이다. 사르트르는 이 점을 명확히 드러내기 위해, 비록 이번에는 서정성이 지나친 감이 없지 않으나, 취지는 선명한 다음과 같은 구절을 썼다. "현재의 인간을 빚는 재료가 되어주는 저 모든 미래, 저 모든 산봉우리들, 저 모든 보랏빛 지평선들, 그리고 그의 발이 그곳에 닿은 적이 결코 없음에도, 사람이 자나 깨나 그리워하며 끊임없는 동경을 보내는 저 모든 경이의 도시들, 그러한 것이 바로 희망이니."[93] 과연 희망이란 그러한 것이다. 물론 희망에 대한 묘사 가운데서는 앞에서도 소개했던, 빛나는 간결성을 지닌 파스칼의 다음 문구만 한 것이 없다고 생각하지만 말이다. "불확실한 결과를 위해 일하기, 널빤지 한 장에 의지하여 바다로 뛰어들기."[94]

나는 여러분께 세상사를 바라보는 우리 시대의 공통된 방식을 거꾸로 뒤집기를 권하는 바이며, 또한 스스로의 한계를 넘어서지 못하는 데서 오는 괴로움 및 단차원적인 존재를 영위할 수밖에 없다는 데서 오는 괴로움을 자초하게 만드는 것은 현재 속으로 끊임없이 후퇴하고 움츠러드는 우리의 태도와, 현재가 가진 소위 '마법적인 매력' 속으로 자진해서 침잠하려는 우리의 경향임을 인정하길 권하는 바이다. "당신은 그들에게 짐승의 겁에 질린 현재를 주길 원한다. (...) 거기에 당신의 절망이 있다. 흘러가는 순간을 곱씹기, 한 맺히고 멍청한 눈으로 당신의 다리 사이를 바라보기, 미래로부터 당신의 인생을 빼내기. (...) 그러할 때 당신은 인간이기를 그치게 된다. 당신은 다만 길바닥에 놓인 단단하고 검은 돌멩이에 지나지 않게 되는 것이다. 그 길 위로는 대상(隊商)들이 지나가지만, 돌멩이는 계속해서 경계석이라도 되는 양 홀로 굳어버린 채, 한(恨) 속에 잠기게 된다."[95] 앞서 나는 '거꾸로 뒤집기'라는 표현을 썼다. 실로 여기서 빛나는 통찰력을 발휘할 필요가 있다. 예컨대 '현재의 행복'을 모토로 삼는 우리의 행복 인큐베이터들이나 '지금 그리고 여기'에 매료되는 경향성이 우리가 품고 있는 모종의 '한'을 숨기고 있다는 통찰은 어떠한가? 그리고 그 '한'은 미래를 맞이하러 나갈 계기를 더는 스스로의 내면에서 찾지 못하겠다는 생각에서 오는 한이고 또한 더는 대담한 기대들도, 불확실한 것에 대한 희망도 품을 수가 없다는 생각에서 오는 한인 것이다.

웃음, 또는 비관론자들이 틀렸음을 나타내는 방식에 관하여

고백하건대 나는 비관론에 마음이 끌리는 사람이다. 여기서 비관론이란 행복을 단순한 불행의 부재로 보는 시각을 말하고 불행의 부재 상황에서 스스로에게 '그게 어디야, 천만다행이지'라고 말하는 태도를 말한다. 비관론을 따르자면, 우리는 슬픔과 상실을 겪지 않는 것만으로도 충분히 행복하다고 말할 수 있다. 게다가 솔직히 말해, 우리가 유일하게 겪을 수 있는 행복 경험이란 것은 슬픔과 고통이 없는 평화의 경험이지 않은가? 건강한 상태라는 것이 다름이 아니라 "장기들의 침묵"[96]에 지나지 않듯이, 달리 말해 신체의 일부가 과하게 활동하거나 문제를 일으키는 일 없이 무난히 작동하는 것에 지나지 않듯이 행복이란 것도 다만 눈물의 침묵이요, 탈을 일으키지도 고통을 일으키지도 않는 정신 구조의 안정 상태에 지나지 않는 것은 아닐까? 그렇다면 다른 무엇에 앞서 우리에게 가장 필요한 것은 불행을 피하기 위한 방법들이 될 터이다. 이와 같은 사고방식은 얼핏 통찰력 있는 견해로 여겨질 수 있겠으나, 실은 그렇지 않다. 그것은 우리 안에서 희망을 완전히 몰아내는 사고방식일 뿐이다.

앞선 장들을 통해 이미 확인한 것처럼, 행복은 희망과 불가분의 관계에 있다. 행복의 문제는 비관론과 낙관론 사이의 토론 거리가 될 수 없다. 물이 절반 담긴 잔을 두고 '반이나 비었다' 또는 '반이나 찼다'는 식으로 옥신각신할 수는 있지만, 행복에 대해서는 그러한 식의 논쟁을 벌일 수가 없다. 행복의 문제는 '과연 어디까지를 희망할 수 있는가?'에 관한, 그리고 '삶으로부터 무엇까지를 확실히 기대할 수 있는가?'에 관한 자문(自問)의 문제인 것이다. 어떻게 보면 이는 정말이지 믿음의 문제이다. 그러한 점을 고려할 때, 우리 자신에게 던져야 할 진정한 질문은 '나는 과연 진심으로 행복을 믿고 있는가?' 내지 '행복한 삶은 가능하다는 확신을 나는 정말로 갖고 있는가?'가 될 것이다. 우리와 현실 사이의 최종 담판 자리에서, 저 희망에 대한 우리의 최종적인 입장을 밝혀야 한다. 저 '행복에 대한 희망'이 진정으로 '희망'을 품고 있는 것인지 아닌지를 판단해야 하는 것이다. 여기서 우리는 절대 단순한 볼거리로 치부될 수 없는 하나의 질문을 목격하게 된다. 구원에 관한 질문을 닮은 그 질문이란, 다음과 같은 것이다. '무엇이 우리들의 삶을 무의미와 슬픔으로부터 구제해줄

수 있는가?'

한데 이 대목에서 독자들은 인상을 찌푸리고 있을지도 모르겠다. '저자는 지금 다만 종교적인 어휘들을 차용하고 있을 뿐이지 않은가? "믿음", "희망", "구원"이라, "자비"만 추가되면 완벽하겠군. 저자가 말하고자 하는 저 희망의 철학이란 것은 혹 철저하게 신학에 경도된 것이 아닐까?' 그러나 그렇지 않다. 여기서 우리가 다루고자 하는 주제는 종교가 아니라 '행복의 초월성' 및 행복이 제 안에 포함하고 있는 더 높은 삶에 대한 약속인 것이다. 우리에게는 그저 짧은 순간 누리고 마는 행복이 아닌, '절대적인 행복'에 대한 희망이 있다. 한데 그러한 희망을 기술하는 데 가장 적절한 어휘들은 실로 종교적인 어휘들, 곧 신앙의 영역에서 세계의 회복 및 천년왕국에 대한 기다림을 기술하기 위해 쓰이는 어휘들과 동일할 수밖에 없는 것이다. 그러나 이는 종교 '또한' 행복에 대해 말을 한다는 데서 일어난 현상에 지나지 않는다. 물론 신앙인에게 행복이란 '정당화되고 구원받은 삶'의 동의어일 따름이지만, 어쨌든 그것 역시 행복과 관련된 이야기임에는 틀림이 없다. 신앙인들의 믿음에 따르면 행복이란 오직 신의 구원을 통해, 그리스도의 부활을 통해, 그리고 이 세상에 속하지 않는 '왕국'으로의 입성을 통해 얻어질 수 있는 것이지만, 어쨌든 이러한 세부적인 사항과는 전연 무관하게, 행복이란 것이 종교적인 관심사라는 사실은 변하지 않는다. 그렇다면 우리는 여기서 어떤 결론을 내려야 하는가? 다소간에 속화되었다고는 해도, 우리의 정신 안에는 여전히 그리스도교적인 관념들이 자각도 없이 가득 들어차 있다는 결론을 내려야 할까? 아니면, 우리 안에는 행복에 대한 희망이 있고 그 희망 위로는 두 개의 왕국이 건설될 수 있는데, 하나는 천상의 왕국이고 하나는 지상의 왕국이며, 그 두 왕국은 모두 이미 존재하는 것들에 순응하는 것에 대한 거부와, 아직은 존재하지 않지만 어쨌든 언젠가는 존재해야만 하는 어떤 것들에 대한 우리의 기대를 기반으로 삼는다는 결론을 내려야 할까? 나는 후자가 옳다고 생각한다. '존재하는 것들에 순응하는 것을 거부하고 아직은 존재하지 않지만 언젠가는 존재해야 하는 어떤 것들에 대해 기대를 거는' 존재 방식은 신자들만의 특성이 아니라, 우리 인간들에게 공통된 특성인 것이다. 그것은 천상 세계의 전유물이 아니라, 여기 이 지상에서 행동이 일어날 때의 양태에 해당한다.

우리의 존재라고 하는 수수께끼가 몇몇 행복의 비법들로 환원될 수는 없는 노릇이다. 행복과 건강 사이에는 완전한 유비가 성립하지 않아서, 설령 우리가 영양적인 균형과 정신적인 안정을 이루고 보존할 수는 있을지언정, 그것이 꼭 행복으로 연결된다는 보장은 없는 것이다. 행복은 방법의 문제가 아니다. 행복해지고 싶다면 다섯 종류의 과일과 채소들을 섭취하라거나, 지금 이 순간에 집중하라거나, 사물들을 다르게 바라보는 관점을 익히라는 식의 조언은 모두 그릇된 것이다. 우리는 마땅히 다른 종류의 어휘들에 기대어야 하며, 행복이란 '은총'과 같은 역설적인 인과성에 속한 무엇인 것 같다는 담대한 주장을 펼칠 수 있어야 한다. 실존적인 의미에서건 종교적인 의미에서건 '은총'의 근본적인 의미는 동일하다. 한데 은총이란 근본적으로 종교적인 관념임에 앞서 인간적인 현실인 것이다. 은총은 우리가 미처 몰랐던 능력의 발견으로 은총을 통해 제 능력을 발휘하고 나서야 우리 안에 해당 능력이 잠재되어 있었음을 깨닫는다. 은총은 모든 것이 불가능해 보일 때 우리가 발휘하는 힘이며, 정확히 말하면, 우리 자신의 힘을 넘어서는 힘인 것이다. 그렇기 때문에 '은총'이란 말은 또한 '우아함'이란 뜻을 나타낼 수가 있다.[11] 그렇게 우리는 거의 비현실적으로 보이는 유연함에 대해서도, 그리고 이 세상의 것과는 다른 법칙들과 다른 기하학을 따르고 있는 것처럼 보이는 존재 방식 및 행동 방식에 대해서도 같은 단어를 쓸 수가 있는 것이다.

여러 무거운 시련들과 결정론들을 극복하고 성취해내는 모든 일들, 기어이 가장 큰 용기를 내보이며 가장 어려운 사태를 돌파해낼 때마다 얻게 되는 모든 경험들, 기존의 경향들과 습관들을 뒤엎고 실천하는 모든 어려운 행동들, 이러한 일들은 모두 은총에 속한다. 이에 대해 역경을 빠져나오는 능력

---

11. 프랑스어의 '은총(grâce)'에 대한 서술이다. 'grâce'는 종교적인 의미에서의 '은총' 이외에도 '재능', '매력', '우아함' 등의 뜻을 나타낼 수 있다.

은 우리의 것이 아니라, 신에게서 온 것이라는 말을 덧붙이면 그건 신학이 된다. 하지만 그러거나 말거나, 이에 대해 붙일 수 있는 설명은 다음과 같다. 은총이란, 마땅히 일어나야 하지만 아직 일어나지 않은 일들을 일어나게 만드는 능력이고 희망에 근거를 세우는 능력이며, 또한 어쨌든 가혹하기 마련인 세상사의 흐름을 아주 약간이나마 바꾸는 능력인 것이다. 행복은 마치 은총처럼 주어진다. 즉 행복은 어떤 인위적인 "작업"을 통해서는 도저히 획득될 수가 없는 무엇처럼, 그리고 우리의 일상 속으로 편입되는 동시에 우리의 일상을 넘어서는 무엇처럼 우리에게 찾아드는 것이다. 행복하다는 것은 은총과 마찬가지로 자명성과 필연성의 측면을 갖게 되며, 또한 은총과 마찬가지로 우리에게 우리는 우리의 능력으로 얻을 수 있는 것을 넘어서는 무엇을 획득했다는 감정을 준다.

행복이 돌발할 때, 우리가 그것을 위해 태어났음을 이해하게 되며, 행복은 곧 진리이자 "정상 상태"라는 점을 깨닫게 된다. 물론 우리는 앞서 행복을 '절대'적이고 '이상'적인 것으로 묘사했었고 이 점을 부인할 생각이 없다. 하지만 다시한 번 강조하건대, 행복이 절대적인 '이상'이라고 해서, 그것이 환상, 환각 내지 신기루와 같다는 결론을 내릴 수는 없는 것이다. 우리가 희망하는 '절대'는 가장 구체적인 현실과 결코 무관하지 않다. 사실 '절대적으로 높은' 삶을 영위하는 것이 가능함을 증언해주는 것은 우리의 구체적인 행복 경험들인 것이다. '진실이라고 믿기에는 지나치게 아름답다'는 식의 의심은 이상에 적용될 수가 없다. 이상이란 것은 진실하기 때문에 비로소 아름답다. 삶은 마땅한 모습이 되었을 때 비로소 행복하고 진실해진다.

사람들은 우리의 주장을 뒷받침해 줄 수 있는 증거 내지 예시를 요구할 것이다. 그리고 아마도, 우리가 제시할 수 있는 가장 강력한 증거는 '웃음'이리라. 여기서 혹자는 이런 생각을 할지도 모르겠다. '그게 무슨 소리인가? 저자는 독자들에게 현실을 직시할 것을 행복해지고자 하는 우리의 욕망에 대한 현실의 침묵과 무관심을 직시할 것을 요청했었고 요새 속의 행복에 대해서는 신랄한 비난을 가했었다. 기껏 그래놓고 이제 진정한 행복의 예시랍시고 내놓는 것이 고작 웃음이란 말인가?' 그러나 속단치 말고 조금 더 이야기를 들어보라. 웃음을 터뜨리는 일은 현실을 외면하는 일이 아니다. 웃음은 현실이 가진 배은망덕한 성격을 잊지 않으며, 이따금 구제불능일 정도로 엉망진창이 되어버리는 현실의 면모들을 무시하지도 않는다. 웃는다는 것은 우리에게 짐처럼 주어져 우리를 구속하는 저 부정성을 마치 존재하지 않는 것처럼 치부하는 일이 아니다. 오히려 웃는다는 것은 저 쓰라린 고통의 한가운데에서 삶에 더 많은 생기를 불어넣는 행동인 것이다. 웃음에는 풍요로움과 관대함이 있고 그에 힘입어 은총이 주어진 행복한 삶이란 어떠한 것일지를 슬쩍 엿볼 수 있게 된다. 반면에 소위 '현재의 순간의 기쁨'이라는 것들과 허식에 찬 '경이들'에는 어딘가 차갑고 기계적인 느낌이 있다. 그러한 것들은 마치 생체에 부착되는 기계장치와 같으며, 과장되고 우스꽝스러운 행동양식을 갖게 만드는 것이다. 리코레 커피 광고가 묘사하는 순간 속에서 불멸화된 행복, 그러한 행복에서 인위적인 느낌이 나지 않고 비현실적인 완벽함이 느껴지지 않는다고 대체 누가 주장할 수 있겠는가?

완벽한 기쁨에 의해 양식화된 세계, 제약들과 어려움들의 추함이 전적으로 제거된 세계에서는 웃음이 터져 나오지 않는다. 그러한 세계 속에서 우리는 두 발로 걷기보다는 날아가게 된다. 천상의 육신을 얻은 존재들처럼, 공기처럼 존재하게 된 이들처럼 말이다. 한편, 우리가 웃을 때는 우리가 다른 어떤 때보다도 더 착실하게 두 발을 땅에 붙이고 서 있을 때이다. 웃을 때의 우리는 이 삶 속에 분명히 자리를 잡고 있다. 그리고 웃음과 동시에 돌연 더 많은 존재를 획득하게 되고 마치 추가적인 존재의 혜택을 입은 것과 같이 된다. 희망이 겨냥하는 바는 바로 저 풍부함과 넘쳐남이다. 희망은 우리가 넘치도록 소유할 수 있기를, 풍부를 누리면서 마음껏 그 넘쳐나는 것을 길어 올리기를 바라는 것이다. 실로 웃음은 결코 메마르는 일이 없는 것처럼 보인다. 그리고 그때 삶은 확고함으로 넘쳐나게 된다. 웃음은 현재의 시간 속에 흔적을 남기지 않고 대신 새로운 현재의 막을 열어젖힌다. 웃음과 함께, 이전까지는 존재하지 않았던 새로운 무엇이 시작되고 일어나게 되는 것이다. 희극 배우는 단지 사물들을 다른 관점에서 보게 만들 뿐만 아니라, 실제로 '다른 것'을 창조한다. 그러한 점에서, 그는 근본적으로 예술가이자 조물주와 같은 성격을 갖고 있다. 희극 배우가 여느 인간들과는 다른 비범한 인간인 것처럼, 웃음의 순간은 다른 순간들과 구분되는 특별한 순간이다. 웃음의 순간은 말하고 존재하고 생각하는 새로운 방식이 도래하는 순간인 것이다.

웃음은 행복의 면모임은 물론, 우리가 그것을 우리를 다른 곳으로 데려다주고 다른 모습으로 바꿔주는 변신처럼 받아들일 때에는 보다 높은 삶의 단계로 끌어올려주는 은총이 되기도 한다. 웃음은 또한 자유의 면모이기도 하다. 그리고 웃음이 자유의 면모인 이유는 그것이 금기를 깨트릴 수 있어서, 혹은 외설적일 수 있어서가 아니라, 그것이 어느 것에 의해서도 규정되지 않는 자발성을 띠고 있기 때문이다. 웃음은 현재에 가능한 것을 넘어선다. 웃음은 새로운 가능성을 만들고 발명하고 가공해낸다. 웃음은 누구도 보지 못했고 누구도 생각해본 적 없는 새롭고도 '재미있는' 가능성들을 만들어내는 것이다. 이러한 특성들로 인해 '웃음'은 예상치 못했던 진리의 포착 및 이해와 동의어가 된다. 그렇다, 몰리에르의 희극에는 물론, 루이 드 퓌네스[12]의 코미디 영화 안에도 뜻밖의

....
12. 루이 드 퓌네스(Louis de Funès, 1914-1983)는 거의 150편에 이르는 영화에 출연한 프랑스의 전설적인 희극 배우이다.

진리에 대한 이해, 웃음을 통한 이해가 담겨 있는 것이다. 감히 덧붙이건대, 나는 파스칼의 몇몇 단장들 안에도, 그리고 데프로주[13]의 여러 문장들 안에도 그러한 웃음이 담겨 있다고 생각한다. 웃음은 행복이 의미하는 바를 완벽하게 예시해 주는 것이다.

베르그송은 살아있는 자에게는 겉보기에 전혀 놀랄 것 없어 보이는 현실의 얼개 안에 누구도 예상치 못했던 새로운 것을 짜 넣는 능력이 있다고 보았다. 그런 베르그송이 해당 능력의 훌륭한 예시로서 웃음을 들지 않았다는 사실은 참으로 놀라운 일이다. 어쨌든 그는 '웃음'을 철학적인 탐구 대상의 반열에 올려놓은 장본인인데도 말이다. "삶이 거둔 눈부신 승리는 바로 창조이다. 인간 삶의 존재 이유는 창조 속에 있다고 가정해야 하지 않을까? 그리고 이때의 '창조'란, 예술가나 학자의 창조와는 달리, 모든 인간들의 삶에서 언제나, 끊임없이 일어나는 창조, 곧 자기 자신에 의한 '자기 창조'를 말한다. 그것은 우리의 노력에 의해, 곧 별 것도 아닌 것에서 많은 것을 끌어내고 아무것도 아닌 것으로부터 무엇인가를 끌어내며, 이 세상의 풍요에 끊임없이 새로운 풍요를 보태고자 하는 노력에 의해 인간성이 커져가는 것을 말한다."[97]

그렇게 볼 때, 산다는 것은 모든 가능성들을 앞질러 가는 일이 될 것이며, 예술가가 완전히 새롭고 전례도 없고 비할

13. 프랑스의 유머 작가(humoriste)인 피에르 데프로주(Pierre Desproges, 1939-1988)를 말한다.

바도 없는 작품을 무로부터(ex nihilo) 만들어내는 것처럼 새로운 가능성들을 만들어내는 일이 될 것이다. 존재하는 일에는 예술가의 창작에 요구되는 것과 마찬가지의 자발성이 요구될 것이고 계속해서 베르그송의 말을 따르자면, 그 안에는 또한 무(無)로부터 자기 자신을 발명해내는 일이 포함되게 된다. 마치 현실이 우리를 짓누르지 않는 것처럼, 현실이 법칙을 강제하고 단조로움을 강요하지 않는 것처럼 생각되는 가운데 말이다. 우리를 존재의 예술가와 같은 지위로 끌어올리는 베르그송의 이 주장은 분명 매력적이다. 그러나 바로 여기에 이 주장의 흠이 있다. 이 주장은 우리가 선택하지 않은 온갖 것들이 우리를 무겁게 짓누르고 있다는 사실을 가볍게 여기다 못해 무의미한 것처럼 외면하는 경향을 보이기 때문이다. 우리는 동의를 구하지 않고 강요된 수많은 것들의 무게에 짓눌려 있다. 예컨대 우리의 탄생, 죽음, 신체, 성격, 역사 및 사회적 계층, 언어, 일과 직장에서의 직위 등은 우리의 자발성을 갉아먹고 우리의 자유를 상당 부분 잘라내는 부정적인 것들이지만, 저 모든 것들의 무게를 베르그송의 주장은 무시해 버린다. 우리가 삶을 영위하는 방식은 예술가가 예술 작품을 만들어내는 방식과 같지 않다. 예술가의 경우와는 달리, 우리에게는 특정한 삶의 형상들이 강제되며, 삶의 틀 역시도 이미 한정되어 있다. 우리는 언제나 선택의 자유라는 것을 갖지만, 그러한 선택이 이루어질 수 있는 조건들은 우리가 자유롭게 결정할 수 있는 것이 아니다.

우리의 삶 안에는 우리가 결정할 수 없는 부분, 우리의 도약을 제한하는 요소들이 존재하며, 또한 우리의 의지를 내리누르고 그 방향을 결정하는 수많은 이유들이며 동기들이 존재한다. 우리는 또한 과거가 빚어낸 결과이며, 우리 자신을 처음부터 끝까지 완전히 일신할 여유가 없다. 우리가 빚어내거나 가공한 사물들만으로 이 세계를 채워 넣을 수가 없다. 우리가 마주치는 어떤 것들은 우리의 호오와는 무관히 그저 그렇게 바꿀 수 없이 존재하는 사물들이다. 모든 것이 나의 계획을 따르는 것은 아니다. 나의 직업이나 일정, 상사와의 관계, 어머니와의 관계, 형제와의 관계, 나의 키, 과거, 언어, 사회적 소속 따위는 내 의지에 따라 결정되지 않으며, 심지어는 내 감정과 흥미마저도 온전히 나에 의해 결정된다고는 할 수 없다. 그런데 대개는 이처럼 내가 결정하지 않은 것들이 나를 좌지우지하고 나를 위한 결정을 대신 내리게 된다. 그것들은 내게 소속과 지위를 주며, 내가 그것들을 얼마나 흔쾌히 받아들이는지와 상관없이 내게 특정한 꼬리표를 달고 주소를 부여한다. 나는 절대적인 시작점이 아니다. 사상(事象)의 장대한 흐름 속에서, 나는 그저 특정하고 한정된 한 자리를 점거할 뿐이다. 그렇게 나는 언제나 이미 진행 중인 일의 한가운데에 뛰어들게 된다. 이때 내가 있을 자리도, 내가 도달해야 할 목적지도 온전히 내 의지만으로는 선택할 수가 없다.

우리 자신을 우리 삶의 작가이자 행복의 장인으로 믿는 것은 다시금 시간을 '영원'과 착각하는 일이다. 이는 행복을 시간의 흐름에서도, 우리에게 부과되는 현실에서도 빠져나온 '영원의 기적'으로 간주하는 사고방식인 것이다. 이때 우리가 체험하는 행복의 순간들은 가상의 하늘을 유영하는 과거도 미래도 없는 무균 인큐베이터와 같은 것이 되며, 이 세상의 바깥으로 달아나 그것을 부인하고 거절하는 무엇이 되어버린다. 이러한 행복 속에 틀어박히는 것은 치료요법이라기보다는 유치한 행태에 더 가까운 일이다. 실로 인큐베이터 안의 이 행복은 환상이다. 왜냐하면 우리 곁에는 엄연히 현실이란 것이 존재하며, 우리는 그로부터 달아날 수가 없기 때문이다. 달아나기는커녕, 우리는 현실에 정면으로 노출되어 있다. 연약한 갑옷을 입고 미심쩍은 무기들을 손에 쥔 채로 말이다. 하지만 그럼에도 불구하고 희망은 바로 저 현실의 한복판에 방어 전선을 펼치고 척후병들을 내보낸다. 웃음이 눈부신 활력을 뽐내게 되는 장소 역시 그곳이다.

하지만 우리의 견해와는 정반대로 베르그송은 웃음에서 "살아있는 사람에게 심긴 기계 장치"와 같은 것을 보았다. 그는 희극성을 불규칙하게 삐걱대는 움직임과 연관지었고 희극적인 것이 자아내는 효과들을 인간이 로봇으로 환원되고 살아있는 사람이 사물로 환원된 결과로 설명했다. "이때 우리에게 웃음을 자아내는 것은 어떤 사람에게서 세심한 경쾌함과 생기 넘치는 유연성을 기대했던 바로 그때, 그가 보이는 모종의 기계적인 뻣뻣함이다."[98] 사실 베르그송은 그의 정의 안에 영혼과 육신 사이의 형이상학적 대립이라는 낡은 대립 구도를 끌어들이고 있다. 그의 견해를 따르자면, 웃음거리가 되는 무엇을 세상에 드러낼 수 있는 것은 우리의 신체가 가진 신체성일 수밖에 없다. 웃음거리는 어쩔 수 없이 물질성과 무게를 갖출 수밖에 없는 신체를 통해 드러나게 되는 것이다. 우리는 저 무겁고 뻣뻣한 물질성을 바라보며 웃음을 터뜨린다. 희극성은 저 물질성을 우스꽝스러운 것으로 만들면서 그것을 드러낸다. 모든 신체 안에는 우스꽝스러운 몸짓을 하는 꼭두각시가 하나씩 숨어 있는 셈이다. 우리 몸의 정수에 관한 이 진실, 이를 숨기고자 노력하고 마음을 편하고 넉넉히 가진다는 덕목을 통해 그 목적을 이룬다. 우리는 우리 몸에 생기를 불어넣고 우리의 영혼에 고유한 우아함을 약간 떼어내어 우리 몸에 부여하며, 그렇게 우리의 살에 특징적인 '무게'를 경감시킨다. 이와 같은 베르그송의 논의를 따르자면, 희극성이 우리에게 줄 수 있는 가장 큰 가르침은 철저하게 플라톤적인 것이 될 수밖에 없다. 즉 육신은 영혼의 무덤이며, 영혼을 천상에서 끌어내려 물질의 비대한 살덩이 속에 잠기게 했다는 가르침 말이다. 그렇게 보면, 영혼과 육신의 결합은 비극이 아니라 하나의 희극이다. 그것은 기계적인 것과 살아있는 것의 서글픈 병치이며, 사람을 꼭두각시 인형으로 전락시키는 결과를 부른다.

그러나 우리는 베르그송의 견해와는 정반대로 웃음을 생각하고자 한다. 웃음이란 삶에 부여되는 삶의 추가분이자, 삶에 예상치 못했던 것들을 도입하는 능력인 것이다. 그렇게 보면, 역설적이게도 웃음의 정의는 이미 언급했던 베르그송 자신이 내린 "살아있는 자"의 정의에 가까워진다. 바로 그런 이유에서 웃음을 행복의 예시로 들 수가 있는 것이고 또한 웃음을 언젠가 손에 넣을 수 있을 행복하고 활기차고 다시금 젊어진 삶의 표현으로 볼 수가 있다. 웃음은 우리에게 차고 넘칠 정도로 풍요로운 삶을 약속하고 또한 실현시킨다. 우리는 웃음을 통해 단지 위안을 얻는 것으로 그치는 것이 아니라, 새로운 활기를 받아 우뚝 서게 된다. 비록 계속해서 슬픔에 노출되어 있지만, 웃음을 통해 전보다 더 강하게 되고 자유로운 동시에 영광스럽게 된다. 웃음은 어떤 것도 변모시키지 않고 어떤 것에도 후광을 두르지 않으며, 아무것도 긍정화하지 않는다. 그것은 위로가 아니라 환희를 추구한다. 웃음은 도피처에 틀어박혀 주변에 성벽을 쌓는 일을 지향하지도 않고 영원한 행복이란 환상을 부추기는 일을 지향하지도 않는다. 웃음은 자극이고 움직임이다. 웃음은 행복을 더 잘 보존하기 위해 현실을 부인한다는 저 타조들의 행복 전략[14]을 차용하지 않는다. 도리어 웃음은 현실 세계의 한복판에 깃발을 꽂는 것이

---

14. 맹수나 사냥꾼을 만났을 때, 눈앞의 현실을 부인하듯 머리를 땅 속에 파묻는 타조들의 습성을 참조한 표현이다.

다. 웃음이 행복한 삶의 한 표현이 될 수 있는 이유는 웃음을 터뜨리는 이는 삶 속에서 그가 필요로 했던 모든 것들을—더 정확히 말하면 그의 필요를 넘어선 것들까지가 포함된 모든 것들을—누리는 경험을 갖기 때문이다. 그는 행복의 과잉에 놀란 나머지, 넘쳐나는 웃음을 "터뜨리게" 되는 것이다.

어쨌든 현대는 희극이 유행하는 시대가 아니다. 우리는 다른 이의 웃음에 공감하기보다는 고통에 공감하는 편을 선호한다. 우리가 함께 웃을 수 있는 서사보다는 연민을 가질 수 있는 서사 쪽을 더 기꺼이 선택하는 경향이 있다. 하지만 공감에 대한 이 끌림, 인간의 취약성에 대한 저 찬미들은 실제로는 우리가 다른 이와 웃음을 나누는 일이 얼마나 어려운 지를, 그리고 우리가 이웃의 취약성과 한계성을 보는 일을 얼마나 좋아하는 지를 증언해 주는 것일지도 모른다. 니체는 실로 다른 이와 함께 고통을 나눌 수 있는 인간의 능력 속에서, 거꾸로 다른 이와 함께 즐거움을 나누는 것에 대한 인간의 무능을 보았다. 인간의 좋은 감정들과 최고의 선의들에 의심의 시선을 보내는 것을 자신의 역할로 삼았던 철학자다운 관찰이다. "언제든 불행에 빠진 타인을 도우러 갈 준비가 되어있는 동정적인 천성을 가진 이들이 있다. 하지만 그와 동시에 타인의 기쁨에 동참할 수 있는 천성을 갖추고 있는 경우는 여간해서는 없다."[99] 다른 이와의 연대의식과 자비심이 오직 불행에 빠진 이들을 대상으로만 발동되어서는 안 될 터이다. 어쩌면 어떤 이의 이타심을 측정하기 위한 최고의 방법은 그가 다른 이와 함께 웃을 수 있는지를 살펴보고 다른 이의 행복을 함께 즐길 수 있는지를 알아보는 것이지 않을까? 실로 우리가 기쁨에 찬 이웃을 사랑하는 일은 슬픔에 잠긴 이웃을 사랑하는 일보다 한없이 더 어려운 것일지도 모른다.

데카르트를 본받기

우리는 스스로를 잊고 모든 것을 잊어버리기 위해 잠 속에 빠져든다. 한데 행복 속에 빠져드는 것은 잠 속에 빠지는 것과 같지 않다. 행복하게 산다는 것은 주어지는 것들을 감사히 받아들이는 일보다는 그것들을 거부하는 일에 훨씬 더 많이 관련된다. 우리가 행복을 경험하는 바로 그 순간에도, 새로운 목적지를 바라보고 우리 눈앞에 펼쳐진 새로운 지평을 훑는다. 우리가 지향하는 것은 행복하고도 위풍당당한 '저 앞'의 삶인 것이다. 우리는 마음속에 초조함을 품게 되고 그 초조함은 우리를 다른 곳으로 저 '바깥'으로 실어가고자 한다. 이 초조함 내지 '광기'는 아직 존재하지 않는 것들을 우리 앞에 불러오기 위해 꼭 필요한 불안의 일부이다. "한데 우리에게 더는 충분한 양의 광기가 없다면, 여러분께서 한 번 대답해보시라, 그때 대체 어떤 바깥을 향할 수 있을까?"[100] 주어진 것들을 최대한으로 이용하는 것은 이러한 '광기' 내지 욕망의 목표가 아니며, 하물며 어떤 굴곡도 없는 현재 속에서 스스로를 영속화하는 일은 더더욱 그 목표와 무관하다. 우리가 '욕망'이라고 하는 재능을 드러내는 것은 (그것이 사유나 말에 의한 것이든, 혹은 직접적인 몸놀림에 의한 것이든) 행동을 통해서이다. 그리하여 행동 안에는 그것이 지속되는 내내, 모종의 행복 경험이 포함되게 된다. 그리고 이때 우리가 행복을 경험할 수 있는 이유는 행동 속에서 어떤 결핍도 느끼는 일 없이 우리 자신을 온전히 소유할 수 있기 때문이다. 물론 그러는 사이에도, 우리를 앞으로 나아가게 하는 원동력인 저 근질거리는 욕망은 신경을 긁어대겠지만 말이다. 어쨌든 내가 무엇인가 행동을 취할 때, 행동을 한다는 사실 자체는 부정할 수 없는 사실로 남는다. 그때 나는 내가 하는 행동 이외의 행동을 하지 않는다. 나의 행위들은 곧 나이고 나는 곧 나의 행위들이다. 그리고 여기에는 다행스러운 필연성과도 같은 무엇이 존재한다. 나는 내가 행동하는 바를 바라고 내가 하는 행동은 곧 나인 것이다. 나는 내가 나의 것으로 개척한 땅으로 이주한다. 우리가 옹호하고 있는 행복은 관조적인 행복이 아니라 행동의 행복이다. 그리고 여기, 이 행복을 여전히 의심하고 있는 이들을 위한 또 다른 증거가 있다. 이 증거에 이름을 붙이기 위해 노력한다면, 데카르트의 말을 빌려 이를 "고귀함(générosité)"[101]이라 명명할 수가 있으리라.

데카르트가 말하는 '고귀함'이란 다른 무엇에 앞서 자기 자신과의 관계를 통해 정립되는 고귀함을 말한다. 나는 다른 이들이 아니라 바로 나 자신에게 좋은 인상을 주어야 하고 나 자신에게 경탄을 불러일으켜야 하는 것이다. 이는 혹 허영심이 아닐까? 오만이 아닐까? 아니, 전혀 그렇지 않다. '고귀함'이란 것은 오직 스스로 자기 행동들의 품위에 어울리는 존재가 되기 위해 노력함으로써만 얻을 수 있는 것이기 때문이다. 그 노력 안에는 어떠한 행동을 개시하고 꿋꿋이 지속하고 그것을 자신의 것으로 공표하는 모든 과정이, 일을 시작하고 희망하고 완수하는 모든 과정이 포함된다. 이 독특한 '고귀함'은 이를테면 자유의 경험이며, 일종의 자아 확장 체험이기도 하다. 고귀한 상태에 있을 때, 나는 단지 내 생각들, 감각과 감정들 사이에서 내적으로 홀로 있을 뿐만 아니라, 내가 하는 행위 속에서 외적으로도 홀로 있게 된다. 나는 내 존재와 나의 제국을 바깥으로 확장시키지만, 이 과정에서 다른 이들을 짓밟지는 않는다. 나는 모종의 오만한 자신감을 통해 다른 이에게 깊은 인상을 남기면서, 그리고 내가 이룩하는 일들 가운데 나 자신을 인정하면서 나를 확장시킨다. 내가 바라는 바, 내가 시도하는 바, 나의 행위들, 나의 욕망들, 이 모든 것이 또한 '나'이다. 따라서 행복하다는 것은 자기 자신으로 존재함을 말한다. 다만 이때 '데카르트적인 방식'에 따라야 한다. 단단히 굳어버린 말없는 자아, 명철함이라곤 거의 찾아볼 수 없고 대부분이 텅 비어있는 옛 자아와 우연히 일치하게 된 것을 두고 행복하다고 말할 수는 없다. 행복하기 위해서라면, 우리는 아직 가본 적 없는 저 '바깥'으로 나아가 기꺼이 시련을 겪고자 하는 대담함 속에 머물러야 한다. 저 바깥으로 나아가, 그곳에 우리의 흔적과 서명을 남기는 일을 시도해야 한다. 데카르트적인 '고귀함'은 도덕이라기보다는 하나의 존재 양식에 더 가깝다. 그것은 우리가 아직 가본 적은 없지만, 단연코 그곳에서 존재하길 바라는 미답지(未踏地)의 정복이다. 그것은 의지의 행복이기도 하다. 우리가 바란 대로 행동했기에 행복해지는 것이다. '그 일은 완수되었다.' 이것이 데카르트주의자의 환희의 송가이다. 어떤 일을 하기 이전에 나는 스스로 그 일을 할 능력이 있는지를 알지 못했다. 하지만 그 일이 완수된 이상, 나는 이제 '그곳' 역시 나이며, 나는 '그곳'에도 존재한다고 말할 수 있는 것이다. 고귀한 이는 어떻게 하면 스스로가 다른 곳에서 받아들여질 수 있을지를 궁리하지 않는다. 대신 그는 자신의 행동과 결정들을 통해, 그 자신을 뛰어넘은 곳으로 나아감으로써 스스로를 확장시키려는 노력을 한다.

따라서 '고귀함'이란 우선적으로 '결의'의 고귀함을 의미한다. 고귀한 결의가 있으면, 우리는 마치 구명대도 없이 망망대해 속으로 뛰어드는 이처럼 담대하게 행동할 수 있게 된다. 진심으로 무엇인가를 바란다는 것은 언제나 '공허' 속으로 뛰어들어, 어떻게든 그 안을 탐사한다는 것을—좌절한 데카르트주의자인 파스칼이라면 아마도 이를 "불확실성을 위해 일하기"라는 말로 표현했으리라—의미하는 것이다. 한데 이러한 데카르트적인 고귀함을 자신은 언제나 훌륭히 행동할 수 있을 것이며, 분명 훌륭한 선택들만을 내릴 수 있으리라는 흔들리지 않는 확신과 자신감으로 해석해서는 안 된다. 만약 그러한 해석이 사실이라면, 데카르트적인 고귀함은 위험의 감수와는 전혀 상관없는 것이 될 것이고 따라서 어떠한 '담대함'과도 무관하게 될 것이며, '고귀함'이란 것은 그저 망설임도 장애물도 두려움도 회의도 없이 얻어지는 헛된 영광에 지나지 않게 되리라. 하지만 실상은 그와 정반대이다. 우리가 과감히 행하는 모든 행동들 안에는 희망이 깃들어 있다. 그리고 이때 우리의 행동 안에 희망이 있을 수 있는 이유는 행동을 하는 우리 자신이 언제나 그 행동의 목표가 이루어지지 않을 가능성을 날카롭게 의식하고 있기 때문인 것이다. 다시 한번 파스칼의 이미지를 차용하자면, 그것은 "널빤지 한 장에 의지하여 바다로 나가는" 일과 마찬가지이다. 우리는 확신에 찬 채로 잘 정비된 길을 따라 나아가는 것이 아니며, 모든 것이 명확한 상태에서 행동에 임하는 것도 아니다. 우리는 위험을 감수하고 행동에 나서며, 바라는 목적지에 다다를 수 있기를 희망한다. 우리가 가는 길 위에는 위험과 무모함이 자리잡고 있는 것이다.

'위험'이라고? 정말이다. '위험'이란 말은 과장이 아니다. 왜냐하면 행동의 길 위에서 나는 언제든 시작하지도, 단념하지도, 그렇다고 주어진 것들을 받아들이지도 못하는 상황에 처할 수 있기 때문이다. 또한 어쩌면 내가 행한 일 속에서 나를 인정하지 못하게 될 수도 있고 거기에서 다만 방황을 보게 되거나, 결국 종속을 받아들이게 될 지도 모른다. 모든 행위 안에는 자기소외의 위험성이 잠재해 있다. 어떤 행위가 나의 의도와는 다르게 이루어질 때, 그리하여 나를 스스로 낯선 이로 만들 때, 그 행위는 결국 자기소외에 지나지 않는다. 그러한 행위를 통해 우리는 어떤 것도 얻지 못한다. 나의 행동들이 발견한 새로운 대지는 실은 적대적인 황무지에 지나지 않을 수 있다. 어떤 직위의 제안을 거절하기, 누군가와 거리를 두기, 다른 이에게 그의 단점들을 지적하며 쏘아붙이기, 이사하기, 약속을 취소하기, 약속 장소에 나가기, 이 모든 일상적인 결정들 안에도 각각 위험이 도사리고 있다. 최선의 결정 하나를 내렸다고 해서, 모든 불확실성에 종지부가 찍히는 것은 아닌 것이다.

어떤 일이 있더라도 나의 소유로 남을 유일한 것은 나의 의지이다. 데카르트에 따르면, 그것은 우리가 실패를 겪더라도, 우리가 택한 길이 최선의 것이 아닐지라도, 우리가 그 "주인이자 소유자"로 남을 수 있는 유일한 재산이다. 의지의 목표는 우리를 부추겨 데카르트가 "담대함"이라 부른 미덕으로 나아가게 만드는 것이다. '담대함'이란 도약인 동시에 결단이요, 특단의 조치를 내릴 수 있는 능력이자 새로운 일에 뛰어들 수 있는 재능이다. 담대함을 갖추게 되었을 때 우리는 모종의 승리감을 맛보게 되고 마음속에서 모든 우유부단함을 몰아냈다는 확신을 갖게 된다. 나는 행동한다면 행동하는 사람인 것이다. 그리고 그러한 것이 바로 고귀함의 의미이다. 그것은 우리 자신에 대한 의무이고 고요한 만족이 아니라 "과도함"[102]이며, 주어진 한계선들을 넘어가면 안 된다는 두려움과 연관된 자기 절제가 아니라 자기 자신을 해방하는 자유의 격렬함이다. 고귀한 삶은 짧은 잣대로 그 깊이를 헤아리는 것이 불가능한 광대한 삶이다. 고귀한 삶의 관점을 통해 우리는 작고 보잘 것 없는 것들에서조차도 그 잠재적인 위대함을 알아볼 수가 있다. 이상과 같은 통찰은 그야말로 행복의 정수를 우리에게 짚어준다. 행복은 바라는 일을 하는 것에 있는 것이 아니라, 하는 일을 바라는 것에 있는 것이다. 화려한 위엄을 갖추고 자기 결정들에 어울리는 존재가 되기. 후회와 회한을 몰아내고 의지를 없애거나 약화시키는 모든 것들을 몰아내기. 자기 자신에게서 유리된 채 삶의 관찰자로 전락한 듯한 감정을 불러일으키는 좌절의 슬픔을 정복하기. 고귀함을 실천한다는 것은 바로 그러한 일이다. 그것은 곧 '나다운' 삶을 영위하는 일인 것이다.

어떤 것도 확실하지 않은 것이 이 세계이지만, 그러한 세계 속에서 우리는 적어도 어딘가에 도달할 수 있는 능력은 갖추고 있다. 그리고 이때 우리는, "숲 속에서 길을 잃어버린 여행자들을" 모방하게 된다. "그들은 이쪽저쪽을 갈팡질팡 헤매어서는 안 되며, 한 곳에 멈춰 서서는 더더욱 안 된다. 나아갈 방향을 분명히 잡고 그 방향을 향해 최대한 직선으로 계속해서 나아가야 한다. 확실한 이유가 없는 이상, 방향을 바꿔서는 안 된다. 설령 애초에 그 방향을 잡게 된 이유가 우연한 선택에 불과했더라도 말이다."[103] 선택한 길이 좋은 길인지 아닌지는 중요하지 않다. 중요한 것은 선택을 한다는 행위 자체이고 선택한 방향으로 나아갈 것을 스스로가 결연하고 단호하게 바라는 일이다. 하지만 이를 스스로가 원하는 바를 정확히 아는 이들, 어떤 망설임도 없이 목표로 달려가는 이들의 고집 내지 완강함과 혼동해서는 안 된다. 데카르트적인 지혜는 그러한 이들의 강행군과는 무관하기 때문이다. 데카르트적인 지혜를 따르는 이들은 일을 시작하기 전부터 확신을 갖고 있는 것이 아니라, 일이 진행됨에 따라 비로소 그 일에 대한 확신을 얻는다. 그들은 확고한 원칙들이며 결코 흔들릴 일 없는 고정 관념들을 시작부터 확립한 채 길을 나서는 일이 결코 없다. 만약 그러한 원칙들과 관념들을 품고 길을 나선다면, 출발하기도 전에 앞으로 우리가 밟게 될 도정의 세부 경로들을 모두 설정한 꼴이 될 터이다. 데카르트적인 지혜를 따르는 이들이 의지하는 유일한 힘의 원천은 바로 의지를 잃지 않고자 하는 의지이다. 설령 정말 보잘 것 없이 작은 행동 하나라고 하더라도, 그 행동이 능동적인 의지에 의해 행해진 것이라면, 그것은 '자기 자신으로 존재'하는 데서 오는 행복을 훌륭히 증언할 수 있게 된다.

근면의 정신에 사로잡힌 현대인들은 자칫 데카르트가 "자기 분석 작업"을 권장하고 있다는 잘못된 결론을 내릴 수도 있을 것이다. 하지만 그렇게 되면, 데카르트의 여행자가 지닌 모든 우아한 귀족성은 사라지고 만다. 우리는 그의 결연한 발걸음을 "진솔함"의 탐구로, 그의 결정을 그의 걱정거리로, 그의 군셈을 나르시시즘으로 잘못 파악하게 될 것이다. 그렇게 되면 다른 어떤 곳에도 다다르지 못하게 된다. 어딜 가든 우리는 오직 우리 자신만을 마주치게 될 것이요, 우리의 의지는 끊임없이 자기 자신에 대한 질문만을 반복하게 될 것이다. 그러면 우리는 데카르트의 사유로부터 '존재하는 용기'를, 나아가 데카르트의 '행복'을 규정짓는 특징들에 해당하는 '자기 자신으로 존재'한다는 자부심과 앞으로 더 나아가고자 하는 의지를 거듭 관철하는 데서 오는 자부심을 모조리 잃게 될 것이다. 담대함은 언제나 위대한 덕목이다. 그리고 그러한 담대함을 보인 데카르트에 대해, 샤를 페기는 이런 평을 남기기도 했다. "역사상 이처럼 아름다운 담대함은 없었으며, 또한 이처럼 고결하고도 겸손하게 기사도적인 덕목을 갖춘 담대함도 없었다. (...) 역사상 어떤 다른 사유의 운동도, 하늘을 발견해낸 이 프랑스인의 사유의 역동성에는 비할 바가 아니었다. 게다가 그는 단지 하늘만을 발견한 것이 아니라, 천체들과 새로운 땅을 발견해낸 것이다. 당신들이 동의할지 모르겠지만, 나는 그가 새로운 땅을 발견해낸 것이 경이롭게 느껴진다."[104] 데카르트가 새로운 땅을 발견할 수 있었던 것은 왕도(王道)로 나아가는 법을 알았기 때문이다. 설령 장애물이 있다고 하더라도, 수단이 여의치 않다고 하더라도, 그러한 것들은 그에게 전혀 문제가 되지 않았다.

행동하기 위해서는 무엇이 필요한가? 아니, 더 적절하게 질문을 바꿔보면, 가장 어려운 행동을 결심하기 위해 우리에게는 무엇이 필요한 것인가? 이때 우리에게 필요한 것은 오직 희망과 의지뿐이다. 그것은 길이 아무리 험난한들 결국은 목적지에 다다를 수 있으리라는 확신이며, 또한 설령 출구가 있는지 없는지조차 불확실할지라도 일단은 기어이 목적지에 도달하겠다는 결의이다. 희망이 없다면 행동은 그저 가벼운 의사표현에 지나지 않으며, 행동으로 연결되지 않는 희망은 그저 경건한 서원에 지나지 않는다. 희망은 우리에게 행동을 지시하고 의지를 불러일으킨다. "나는 '행동의 인간'인 동시에 '다른 곳의 인간'이어야만 한다. '다른 곳'도, '행동'도 똑같이 내게 필수적이기 때문이다. 다른 곳이 없다면 행동은 맹목이 된다. 행동이 없다면 다른 곳은 그저 미쳐버린 관념에 지나지 않게 된다."[105]

우리로 하여금 대담한 희망을 품게 만들고 운을 시험하게 만드는 이 '고귀함'을 오직 운동선수들과 영웅들만을 훌륭한 인간으로 인정하는 이들의 '의지주의'로 오해하지는 말자. 중요한 것은 우리가 스스로 무엇을 바라는지를 아는 것이 아니라, 이미 행하고 있는 것을 바라는 일이고 그 일에 계속해서 천착하는 일이다. 영웅주의는 전제되는 것이 아니라, 행동을 통해 쟁취되는 것이다. 설령 아무리 고개를 꼿꼿이 세우고 시선은 먼 곳에 두면서, 최대한 똑바로 전진한다고 한들, 현실은 언제나 우리를 선행해있다는 사실만큼은 결코 부정할 수 없다. 우리의 신체적인 조건, 사회적인 계층, 장점과 단점, 유전적 특성, 그리고 우리 자신의 과거, 이 모든 것들은 어쨌거나 우리의 행동보다 앞서 존재하는 현실이다. 행동들을 통해, 현실을 만들어내는 것이 아니라, 현실 안에 우리 자신을 새긴다. 행동이 몰고 오는 행복은 예술이 제공하는 행복과 같지 않다. 이와 같은 사실은 앞서 언급했던 데카르트의 비유에서도 잘 나타나 있다. '숲'이 있고 우리는 그 안에 있다. 그런데 우리가 그 숲에 들어가기를 선택한 적이 없다. 숲은 우리의 의사와는 무관하게, 처음부터 우리를 둘러싸고 있던 것이다.

그렇기 때문에 우리와 현실의 관계, 그 속에서 길을 잃고 헤맬 수 있는 저 '숲'과 우리의 관계는 불안도, 기쁨도 아닌, '희망'의 관계라고 할 수 있다. '불안'은 일종의 숙명론으로 우리의 힘과 의지에 대한 부정에 해당한다. 불안은 실로 아직 일어나지 않은 일들을 예상하고 그로부터 실망과 고통에 짓눌린 성급한 결론을 내려버린다. 불안 속에서는 의지를 증명하는 일조차 아무런 의미가 없다. 모험은 이미 끝나버렸기 때문이다. 반대로 '기쁨'은 모든 것은 가능하다는 생각을 갖게 만들고 우리가 삶의 작가이며, 모든 것은 다만 우리의 선택에 지나지 않는다는 생각을 갖게 만든다. '불안'이 행동을 무용한 것으로 만든다면, '기쁨'은 현실을 부정해버린다. 기쁨은 우리 삶 속에 실제로 존재하지만 어쨌든 선택으로 인한 결과는 아닌 모든 것들을 곧 일종의 숙명처럼 주어진 저 모든 "객관적 소여들"(여기에는 특정한 의무들을 짐지우는 일상들이 포함되며, 그밖에도 예컨대 신체조건, 심리상태, 성격 등이 포함된다)을 부정하는 것이다. 그러나 현실은 구속적인 동시에 불확실한 것이고 바로 그렇기 때문에 희망을 불러일으킨다. 모든 것이 이미 결정된 것도 아니고 모든 것을 우리가 결정하는 것도 아니다. 의식은 언제나 아직 존재하지 않는 무엇에 대한 의식이다.[15]

_____

15. 에드문트 후설의 명제인 '모든 의식은 무엇인가에 대한 의식이다'를 패러디한 말이다.

위대한 정오

행복을 묘사한다는 것은 대단히 어려운 일이다. 이야기들은
언제나 좌절된 행복에 관한 이야기들이고 대부분의 소설들
은 불행을 중심 소재로 다루고 있다. 행복을 묘사하기 위한
단어들은 아무래도 다른 단어들보다 더 찾기 어려운 듯하다.
그 단어들은 설령 찾았다 하더라도 다른 단어들보다 더 미심
쩍고 공허해보이며, 심지어는 유치해보이기까지 하다. 실로
행복에 관한 묘사는 자칫 '키치'스러운 감정표현이 될 위험이
있으며, "좋은 아침, 좋은 아침이야, 제비들아..."[16]라는 노래
가사처럼 다소 우스꽝스럽고 피상적인 경탄이 될 위험이 있
다. 가벼운 정신은 행복을 온전히 그려낼 수가 없다. 그렇다
고 해서 진중한 정신이 행복을 더 잘 묘사할 수 있는 것도 아
니다. 미소들, 삶의 다정한 순간들, 쨍쨍한 햇살들, 하늘이 맑

---

16. 샤를 트레네(Charles Trenet)의 샹송 「기쁨이 있네Y'a d'la joie」의 일부 가사이다.

게 갠 순간들, 이들 중 어떤 것도 행복을 정확히 묘사하기에는 부족하다. 어쩌면 행복을 묘사하는 일에 있어 가장 큰 성공을 거둔 분야는 '시'일지도 모르겠다. 시는 행복을 묘사하기 위해 적절한 단어들이 무엇인지를 잘 골라내는 장르이기 때문이다. 그러나 시는 행복이란 것을 노스탤지어로, 나아가 슬픔으로 감싸는 경향이 있다. 그리고 시 속에서 행복은 예컨대 보들레르의 경우에서와 마찬가지로 일종의 '잃어버린 낙원'처럼 그려지고 만다. "바닷가 햇살이 천의 색으로 물들이는 거대한 주랑(柱廊), 나는 오래도록 그 기둥들 아래에서 살았다 (...) 푸른 바다와 파도, 광휘의 한 가운데에서, 내가 고요한 즐거움들에 잠겨 살았던 장소는 바로 그곳..."[106] 또한 가끔은 랭보처럼 무사태평함을 거부하고 나아가 행복한 삶이 가능하다고 믿는 것을 멍청한 일로 치부하는 시인들이 날카로운 아이러니를 동원하여 행복에 조소를 날리기도 한다. "우리는 여행을 할 것이고 사막에서 사냥을 할 것이며, 낯선 도시의 포석 위에서 잠을 자게 될 것이다. 무엇도 신경 쓰는 일 없이 별 곤란도 없이. 달리 말해, 잠에서 깰 때마다 나는 다른 법률과 다른 풍속을 가진 땅에 있겠으나(...), 세상은 변함도 없이 그대로일 것이요, 그것은 다시금 나를 욕망과 기쁨과 무관심들 속에 빠져들게 하리라. 오! 모험하는 삶이여..."[107] 그렇다면 철학은 어떠한가? 철학은 행복의 계시에 관한 문제에서, 그러니까 '형이상학적인' 계시에 관한 문제에 있어서는 많은 것들을 알려준다. 철학은 또한 삶의 위대함에 대해서라거나, 삶 안에 포함되어 있으며 '불안한' 희망을 안겨주는 숱한 약속들에 대해서는 참으로 많은 것들을 알려준다. 그러나 정확히 말해 '희망' 그 자체에 대해서는 철학은 대개 아무것도 말하지 않는다.

이러한 개념의 부재는 참으로 심각한 것이다. '희망'은 "만인의 정신을 가득 채우고 모든 존재의 지평을 가득 메우는 것임에도 불구하고"[108], 어떤 연구서의 주제가 되지도 못했고 어떤 진지한 분석의 대상이 되지도 못했다. 이상과 같은 것이 철학자 에른스트 블로흐가 내린 결론이었다. 그렇게 그는 '희망' 개념의 부재라는 철학의 결점을 메우기 위해, 1938년에 어떤 책의 집필에 착수하게 된다. 1959년에 집필이 완료되는 이 책, 진정 희망의 백과사전이라 할 수 있는 이 책의 제목은 바로 『희망의 원리』이다. 블로흐에게 이 책의 집필은 "가장 비옥한 농토처럼 많은 이들이 몰려 있지만, 동시에 남극과 마찬가지로 탐사가 되지 않은 세상 속에 자리잡은 저 희망이란 장소에 철학적인 차원을 부여하려는"[109] 시도에 해당했다. 그리고 그가 옛 철학들에 교정을 위한 체벌을 가하듯 신랄한 태도로 내뱉은 바에 따르면, 아직 도래하지 않은 가능성들에 대한 기대는 어쨌든 "인간 의식의 근본적인 속성"[110]일 뿐만 아니라, 정치적, 사회적, 문화적 실제 세계가 가진 속성이기도 했다. 과도하다 싶을 정도로 무시되어 오긴 했지만, 희망은 여러 거대한 철학적 체계를 뒷받침하는 필수적인 톱니바퀴로서 기능해왔다. 예컨대 플라톤, 헤겔, 칸트 등의 철학 체계에 있어서도, 그것들이 표방하는 욕망, 도덕의식, 이성 등의 개념이 의미를 가질 수 있는 것은 희망의 개념 덕분이라는 것이다. 블로흐는 철학의 미답지인 이 희망의 모든 면모들을, 곧 백일몽, 유토피아, 잃어버린 낙원 등을 샅샅이 탐구하고자 했다. 그는 희망의 모든 장소들을 답사하여 전체적인 지도를 그리고자 했고 그렇게 영화관, 여행가들에 의해 이상화된 머나먼 이국, 에덴동산과 엘도라도, 사회적이거나 건축적인 유토피아, 끝나지 않는 축제의 고장, 각종 지혜, 오락 산업, 그리고 회화와 문학작품이 이상적으로 그려낸 풍경을 탐사했다. 이 마르크스주의 사상가에게 이러한 탐사는 결국 '희망'을(물론 여기서는 저승에 대한 기대가 아니라, 아직 오지 않은 다른 세계에 대한 기대를 의미한다) 하나의 탄탄한 개념으로 승격시키는 일로 귀결되는 것이었으며, 우리의 삶을 사로잡는 저 역동성과 초월성에 그것이 가진 마땅한 권리를 돌려주는 작업이었던 셈이다.

희망이라는 이름을 가진 관념의 남극, 저 미지의 땅으로 통하는 길을 열어주었던 『희망의 원리』는 선례가 없는 작업이었으나 결국은 후계도 없는 작업으로 남게 되었다. 희망은 이 작품 이후로도 철학의 진지한 주제가 되지 못하고 있다. 아마도 이는 희망이 다른 영역들과 지나칠 정도로 큰 인접성을 갖고 있기 때문인지도 모르겠다. 예컨대 종교와 신학, 곧 우리가 살고 있는 이 세계와는 다른 세계의 도래를 예고하는 모든 사유들, 이번 삶이 지난 뒤의 더 나은 삶의 존재를 긍정하는 모든 담론들은 '희망' 그 자체와 얼마나 혼동되기 쉬운가? 또한 희망이란 것은 얼마든지 꾸며낸 이야기로 공상으로 이론의 여지없이 실현 불가능한 유토피아의 구상으로 전락할 수 있다는 점 역시도, 우리가 희망에 대해 가진 당혹감을 설명해주는 한 가지 이유가 될 수 있을 터이다.

그런데 우리에게는 현재 가진 것을 만족스럽게 누리는 동시에 더 많은 것들을 갈망할 수 있는 능력이 있다. '가진다'는 관념이 '아직 모든 것을 갖지는 않았다'는 생각과 결합되는 이 기이한 현상을 우리는 어떻게 이해해야 할까? 명백히 당혹스러운 이 결합이 가르쳐주는 바는 우리를 사로잡고 추동하는 '희망'이란 것이 '몽상'보다는 '욕망'에, 곧 줄곧 '불안'이란 용어로 표현하려던 무엇에 더 가깝다는 사실이다. 그렇다면 희망이란 것은 헛된 발버둥으로 현재 주어진 것을 즐기지 못하는 (거의 병적인) 무능함인가? 하지만 그러한 결론을 내리기 위해서라면, 우리는 또한 현재 주어진 것들만이 우리의 유일한 영토를 구성하며, 우리의 의지는 그 영토의 한계들에 의해 필히 제한되어야 하리라는 점을 증명해야 할 것이다. 그런데 실상은 그와 정반대라는 사실을 매번 경험적으로 깨닫지 않던가? 우리에게는 아직 존재하지 않는 것을 현실로 만들 수 있는 능력이 있고 결코 닫히는 법이 없는 미래의 공간을 열어젖히는 능력이 있으며, 새로운 것들을 정초하고 개시하는 재능이 있지 않은가? 현재를 충실히 맛보라고? 말은 좋지만, 행복의 경험은 행복이란 그저 스쳐 지나가게 될 일시적인 좋은 순간이 아니라, 그것보다 훨씬 대단한 무엇임을 밝혀준다. 또한 우리는 행복을 경험함으로써 행복이란 보다 높은 삶이 가능하다는 점을 알려주는 전조임을 깨닫게 된다. 더 높은 삶을 희망하는 일은 조금도 헛된 일이 아닌 것이다.

나는 블로흐와 같은 저자가 또 없는지 살펴보았다. 내가 찾고자 한 작가는 블로흐와 마찬가지로 희망의 영토를 탐사하고자 했으며, 동시에 다음과 같은 진리를 확실히 언급한 작가였다. '사람은 행복해질 수 있다. 그러나 행복이란 것을 몇몇 행복한 순간들에 또 다른 행복한 순간들이 더해지는 일 따위로 요약할 수는 없다.' 행복은 실로 '이상'처럼 우리 마음을 괴롭히고 '절대'처럼 우리를 추동하며 허기지게 만든다. 행복은 현재의 삶에 만족해서는 안 되며, 언제나 더 많은 삶을 희망해야 한다는 사실을 가르쳐주는 것이다. 어쨌든 탐색의 과정에서 나는 다소 작위적인 거짓부렁처럼 보이는 감상주의를, 곧 일상의 소소한 경이들을 찬양하는 경향을 지닌 감상주의를 피하고자 했고 그와 꼭 마찬가지로 '행복'이란 것을 영원한 좌절을 겪는 갈망의 대상으로 묘사하는 다소 우울한 이상주의 역시 피하고자 했다. 그렇게 나는 행복에 대한 환상이나 환멸에 사로잡히지 않은 작가를 찾겠다는 일념으로 탐색을 계속해나갔다. 그리고 오랜 탐색 끝에 나는 마침내 카뮈를, 그리고 그의 작품인 『결혼』을 찾아냈다. 『결혼』을 읽으며, 나는 '행복'이 비로소 자신에게 걸맞은 표현을 찾아냈다는 느낌을 받았다. 우리는 '행복한 삶'에 대한 지치지 않는 희망을 마음속에 품고 살아간다. 그런 '행복한 삶'에 대한 가장 열렬하고도 가장 정확한 묘사를, '존재의 부조리'의 사상가들 중 한 사람인 카뮈의 작품 속에서 발견할 수 있다니, 참으로 기묘한 일이다.

카뮈가 그려낸 '행복한 삶'이란, 뻔뻔한 행복이 삶의 모든 부분에서 넘치다 못해 바깥으로까지 흘러나오는 삶이다. 그리고 그에 따르면, 그러한 행복은 오직 우리가 '희망'을 포기할 때에만 가능하다. 삶에 대한 사랑은 "희망 없는 사랑"[111]이며, 우리로 하여금 전력으로 삶을 끌어안게 만드는 결혼은 '절망'의 결혼인 것이다. 하지만 어쨌든 우리 마음속에는 행복에 대한 희망이 뿌리 뽑는 일이 불가능할 정도로 단단히 자리 잡고 있다는 점을 확신하게 한 것은 바로 얼핏 절망적으로 보이는 이 페이지들이었다. 현재가 아무리 행복한 것인들, 현재 자체로는 만족할 수가 없으며, 언제나 더 광대한 삶에 대한, 그리고 더 절대적인 행복에 대한 야망을—실로 '희망'이란 말 안에 '도주'와 '헛된 공상'의 관념과 관련된 무엇이 포함되어 있다면, '희망'이란 말 보다는 '야망'이란 말을 쓰는 편이

더 나을 것이다. 비록 이 책에서 '희망'에 부여하고 있는 의미
는 전혀 그러한 것이 아니지만 말이다―품게 된다. 행복한
삶에 대한 희망을 가지는 일은 현실을 직시하기가 두려운 나
머지 두 눈을 꼭 감고 살아가는 태도와는 조금도 상관이 없
다. 오히려 그 반대로 행복한 삶에 대한 희망을 품는다는 것
은 현재 안에 더 많은 요구를 새겨 넣는다는 것을 의미하는
것이다. 이는 보다 영광스러운 삶을 살아가기 위한 방식의 일
환이다. 그리고 여기서 '영광'이란, 물론 허영심이 아닌 대담
함을 지향한다.

　우리가 카뮈의 글에서 읽어낼 수 있는 것도 바로 저 '영광'
과 행복하게 살아가겠다는 '야망'이다. "내 마음은 기이한 확
신으로 차분해졌다. (...) 아침 햇살 아래, 거대한 행복이 공
간 속에서 균형을 이루고 있다. (...) 나는 여기서 사람들이
영광이라고 부르는 것이 무엇인지를 이해한다. 영광이란, 한
없이 사랑할 수 있는 권리였다."[112] 이때의 영광은 삶을 더 크
게 보고 더 큰 것을 바랄 수 있는 권리요, 제한이 없는 것을
희망하고 인간적인 계산 너머의 것을 희망할 수 있는 권리인
셈이다. 어쩌면 여기서 카뮈가 지닌 데카르트적인 면모를 볼
수 있는 것이 아닐까? 여기서 우리가 확인하게 되는 것은 과
감하고 도도하게 자신의 행복을 앞서나가는 의지, 결코 소멸
하지 않는 의지, 곧 데카르트가 생각했던 바로 그 의지가 아
닌가? 이 의지는 숲에서 길을 잃고도 오직 그 숲 속을 둥글게

헤매는 일밖에 하지 못하는 돈키호테와 같은 이상주의자의 다소 우스꽝스러운 현기증이 절대로 아니다. 이 의지는 최고의 것과 최악의 것을 가리지 않고 자신의 전존재를 끌어안은 채, 그 존재 위에 자신의 현재와 미래를 건설하려는 자가 갖게 되는 긍지인 것이다. 그것은 "무척이나 힘찬 기세로"[113] 말을 달리기 시작하는 기사의 긍지이며, 그러한 긍지를 가진 이에게 있어 행복한 삶에 대한 욕망이란 이를 테면 정복 활동의 계획과 같은 것이 된다. 그리고 카뮈에 따르면, '희망'이라고도 부를 수 있을 이 '야망'은 내가 가진 인간의 조건에 대한 자부심을 준다. 하지만 "어쨌든 사람들은 자주 이런 말을 한다. '인간이라는 것을 자랑스러워 할 게 뭐가 있겠어?' 그런데 자랑스러워 할 것은 실제로 있다. 그것은 저 태양이고 이 바다며, 젊음으로 약동하는 내 심장과 소금기 서린 내 몸이고 따사로움과 영광이 노란빛과 푸른빛 속에서 만나게 되는 저 거대한 풍경이다. 내가 모든 힘과 능력을 동원하여 정복해야 하는 것은 바로 저 풍경일 터이다."[114]

"정복하다"와 "약동하다"의 예시를 통해 알 수 있듯, 행복의 언어는 고요함과 차분함의 언어가 아니라 힘과 행동의 언어이며, 그 어휘들은 기쁨의 동의어라기보다는 용기의 동의어에 가깝다. 왜냐하면 행복도, 아름다움도, 그 어떤 것도 거저 주어지지는 않으며, 그것들을 얻고자 한다면 마땅히 위험을 감수해야 하기 때문이다. 그러한 행복의 기저에는 하나의 통찰이 자리 잡고 있다. 그것은 존재 안에 포함되어 있는 삭막하고 적대적이고 때로 보람 없기도 한 측면들을 결코 축소화해서 보거나 외면해서는 안 된다는 통찰이다. 행복은 지중해의 풍경이 가진 "건조한 화려함"을 품고 있다. 지중해에는 물론 하늘과 바다가 풍요롭게 어우러져 있지만, 그러한 풍요가 인근 땅의 메마른 성질을 없애지는 못하는 것이다. 카뮈가 희망을 배제한 이유는 그가 사람은 삶의 현실 및 삶의 가혹함에서 눈을 돌려서는 안 되며, 그렇게 삶 그 자체를 외면하는 이는 결코 행복해질 수가 없다고 생각했기 때문이다. 우리가 삶의 아름다운 면과 엉망진창인 면을 모두 포함하여 삶 전체를 껴안아야 한다고 그는 생각했다. 카뮈가 희망 없는 행복을 이야기하는 이유는 그가 모든 피난처들을 내치고 모든 위안들을 거부했기 때문이다. 그리고 우리 역시도 그의 주장에 동의할 수밖에 없다. 왜냐하면 희망이란 정확히 말해(그리고 우리의 주장에 따르자면) 위안과 반대되는 것이기 때문이다. 행복의 시간은 진리의 시간이다. 행복의 시간 속에서 우리는 어떤 도피도 어떤 미화도 할 수 없게 되며, 우리의 존재와 있는 그대로 마주할 수밖에 없게 된다. 현재의 어떤 것도, 현실의 어떤 것도 우리를 행복하게 해주기 위해 만들어진 것이 아님을 알고 있는 이에게 있어, 시간은 언제나 정오이다.

어째서 정오인가? 왜냐하면 카뮈가 그의 통찰을 빌려온 인물인 니체가, 이 무자비한 시각을 신의 죽음의 시각으로 삼았기 때문이다. "신은 어디로 갔는가? (...) 우리가 그를 죽였다, 당신들과 내가! 우리는 모두 신의 암살범이다! (...) 이제는 정오에도 랜턴들을 밝혀야 하지 않을까? (...) 신은 죽었다! 신은 죽은 상태로 남아 있다! 그리고 그를 죽인 것은 우리이다! 어떻게 우리 마음을 달랠 수 있겠는가, 암살자들 가운데서도 가장 고약한 암살자들인, 우리가?"[115] 정오의 태양은 어떤 휴식처도, 어떤 피난처도 드리우지 않는다. 정오가 되면 응달도 없고 시원함도 없으며, 다만 강렬한 햇빛만이 우리 머리 위로 쏟아져 내린다. 한데 이 비타협적인 시각은 또한 행복의 진정한 의미가 밝혀지는 시각이기도 하다. 즉 진정한 행복은 영원을 가장한 '지금 그리고 여기'의 환상을 거부하며, 거짓부렁에 지나지 않는 위안들과 마찬가지로 소소한 행복들 역시 거절하며, 심지어는 삶에 어떤 의미를 지나치게 성급히 부여하는 일조차도 꺼린다는 진실, 그러한 진실이 드러나는 시각이 바로 정오인 것이다.

정오가 되면, 현실은 지나치게 적나라하게 드러나 눈을 아프게 한다. 정오는 잔인한 시각이다. 정오에 우리는 우리의 존재를 대면하지 않을 수 없게 되며, 그렇게 문제들을 해결하고 망가진 것들을 복구해야 한다는 임무와 직면하게 되는 것이다. 이 "정오의 사유"를 니체가 '신의 죽음'에 대한 사유라고 칭한 이유는 그것이 '저 세상'에 대한 믿음을 비롯한 현실 도피의 모든 출구들을 봉쇄해버리기 때문이다. 어떤 것도 우리를 구원해주지 않으며, 누구도 현실에서 도망칠 수 없다. 바로 저 '현실' 속에서 살아가야하고 또한 행복해져야 하는 것이다. 하지만 정오는 또한 우리의 통찰력이 가장 밝게 빛나는 시각이기도 하다. 정오의 우리는 고통과 희망을 포함하여 그 어떠한 것도 헐값에 팔아치우지 않게 되기 때문이다. 이 점에 관해, 니체 본인은 이렇게 단언하고 있다. "위대한 정오, 그 시각이 되면 사람들은 (...) 저물어가는 저녁의 길을 자신의 가장 큰 희망으로서 찬양하게 되리라. 그 길은 새로운 아침의 길이기 때문이다."[116] 정오는 우리가 저 인큐베이터에 감싸인 자그마한 행복 속에, 곧 더는 아무것도 보고 듣고 말하려 하지 않는 태도나 마찬가지인 일종의 자발적 마비상태 속에 빠져들지 않게 막는다. 따라서 정오가 우리에게 요구하는 것은 바로 '용기'인 셈이다.

니체와 카뮈에게 있어서, '지중해'란 공간은 단순한 공간을 넘어선 하나의 '개념'이었다. 두 사람에게 있어 지중해는 특정한 장소의 의미를 넘어, 인간과 현실 사이의 껄끄러운 대면 그 자체를 의미했다. 그리고 지중해 땅에서 우리가 얻게 될 진리란, "태양의 진리이자 나의 죽음의 진리이다". "어떤 의미에서, 내가 이곳에서 갖고 놀고 있는 것은 바로 나 자신의 삶이라고 할 수 있다. 뜨겁게 달구어진 자갈의 맛이 나는 삶, 바다가 내뱉는 숨들이며 이제 막 노래를 하기 시작한 매미들로 가득한 삶 말이다. (...) 나는 홀가분한 마음으로

이 삶을 사랑하며, 이 삶에 관하여 자유롭게 이야기하고 싶다."[117] 얼핏 가진 것에 대해 감사하는 법을 배우고 순간을 즐기는 법을 배우는 것이 적절할 것만 같은 때에 카뮈는 그와는 반대되는 결혼의 행복을 제안한다. 그것은 한도를 넘어서 살아가는 행복이요, 스스로 행복하다는 것에 대해 자부심을 느끼는 행복이다. 이에 대해 카뮈의 말을 조금 더 인용하자면 다음과 같다. "행복하다는 것은 조금도 부끄러운 일이 아니다."[118] 환상에 빠지지도 않았고 도피하려 하지도 않았다면, 그때의 행복은 부끄러워할 것이 없는 행복인 셈이다.

한데 그러한 자부심은 어디서 오는가? 그것은 사람이 그가 '되어야 할' 누군가와 합치함을 경험할 때 느끼게 되는 만족감에서 유래하지 않는가? 그러한 자부심은 "자기 역을 멋지게 소화해 냈다는 생각을 가질 때, 배우들이 느끼게 되는 자부심이다. 정확히 말하면, 그것은 배우들이 체화하고자 했던 이상적 인물의 행동들을 스스로 정확히 따라해 냈다는 생각을 가질 때, 사전에 완성된 구상 속으로 어떻게든 걸어 들어가, 그들 자신의 약동하는 심장으로 돌연 그 밑그림을 생생히 실현시키는 데 성공했다는 생각을 가질 때 느끼게 되는 자부심이다. 그리고 내가 느낀 감정 역시 정확히 그러한 감정이었다. 나는 내 역할을 멋지게 연기해낸 것이었다."[119] 우리는 행복해지는 것을 의무로 삼아야 한다. 도덕이 상황과 조건을 불문하고 좋은 행동을 할 것을 요구하듯이 우리는 자신에게 행복을 요구해야 한다. 우리는 희망의 높이에 어울리는 존재가 되어야 한다. 그러한 것이 위대한 정오의 시간을 살아가는 행복이 요구(혹은 취향에 따라 행복이 우리에게 품은 '야망'이라거나 우리에게 요구하는 '영광'이라고 해도 상관없다)하는 바이다.

불확실한 이 세상을 살아가면서도, 우리는 다른 삶의 방식이 더 참신하고 더 고귀하고 더 행복한 삶의 방식이 존재한다는 사실을 알고 있다. 절대적인 행복에 대한 이 희망은 '저 너머'의 세상을 향해 빠져나가는 일과는 무관하고 끊임없이 뒤로 미뤄지기만 하는 미래로의 도피와도 무관하다. 절대적인 행복을 희망한다는 것은 행복을 맛보는 바로 그 순간에 차후 우리의 것으로 귀속되어야 하는 것들을 곧 우리의 일상이 되어야 마땅한 '이상'을 경험한다는 것을 의미한다. '저' 삶, 저 보다 생생한 삶은 마땅히 우리의 것이 되어야 한다. 우리가 경험할 수 있는 행복의 순간들은 저 절대의 세계로 향하는 문을 열어준다. 절대가 우리에게 지불하는 선금인 저 행복의 순간들은 절대에 관한 새로운 전망과 우리의 요구를 재차 확인해준다. 따라서 '현재'는 폐쇄되어 있는 시간이 아니라, 앞으로 그렇게 되어야 하는 미래를 향해 열려 있는 시간이다. '이곳'은 우리의 전부가 아니다.

현재의 행복은 우리의 "모국어"[120]로 된 단어들을 한 음절 한 음절씩 속삭여준다. 그 행복의 언어는 우리가 앞으로 찾아가게 될 나라, '저 높은 곳'보다도 한층 더 높은 곳에 위치해 있으며, 그곳에서라면 비로소 우리의 존재가 마땅한 것이 될 수 있을 그런 나라의 언어이다. 마치 다가올 청춘을 가늠해보는 것처럼, 현재의 속삭임 속에서 행복의 나라의 가능성들을 엿보게 된다. 우리가 갈망하는 이 가능성은 그저 감미로운 꿈에 지나지 않는 것이 아니며, 어떤 현실에서도 구현되지 못할 유토피아인 것도 아니다. 이 가능성이야말로 우리 자신을 정립시켜주는 무엇이요, 우리의 소명이자 존재 조건이다. 슬픔이란 것이 단순한 스트레스가 아니듯, 행복이란 것도 단순한 안락 내지 긴장완화와는 다르다. 행복이란 마침내 목적지에 도달했으며, 있어야 하는 곳에 있게 되었다는 느낌으로 거의 영적인 감정에 해당한다. 그러한 행복을 느낄 수 있다면, 우리는 구원받은 이들처럼, 우리의 진정한 장소와 삶에, 더 많은 삶을 부여하는 은총이 가득한 공간에 다다른 셈이다.

그렇게 우리는 무기력과 움직임 사이에 사로잡히게 된다. 우리에게 무엇을 시작했던 모습 그대로의 현상을 유지할 것을 요청하는 무기력과 삶 속에서 수많은 다른 가능성들을 포기하기에는 너무나 아까운 위대함을 알아보는 저 불안함 사이에서 말이다. 우리 자신을 출구 없는 현실 속에 가두길 바란다는 것은 우리 스스로 약동하는 움직임을 봉쇄하는 일이고 우상의 모든 것을 무조건적으로 받아들이는 얼빠진 추종자의 태도를 취하며 스스로 둔화되기를 선택하는 일이다. 이때 새로운 것을 욕망하고 희망하는 능력은 도취상태에 의해 손발이 묶이듯 그 기능을 잃게 된다. 그렇게 되면 우리는 작은 죽음이나 다름없는 상태에 빠지게 된다. 어떤 새로운 일도 일어나지 않으며, 체험할 수 있는 어떤 새로운 것도 존재하지 않게 되는 것이다. 그리하여 정말로 큰 문제는 우리가 '행복'이란 것을 '선물'로 만들어버린다는 점에 있다. 잘 포장되고 리본으로 예쁘게 장식된 선물로 말이다. 우리는 저 선물, 저 우상을 앞에 두고 말문이 막힌 채로 삶도 잊어버린 채로 멍청히 서 있다가는 "이 얼마나 행복한지!"라는 감탄사를 외쳐버리는 것이다. 아마도 이는 어째서 오늘날 우리 사회에 "아름답다(beau)"라는 형용사가 남발되고 있는지를(요즘 사람들은 '아침'이 되었든 '휴가'가 되었든, '여름'이든 사람들이든 가리지 않고 온갖 것들에 "아름답다"를 붙이고 있다.) 설명해줄 수 있는 원인인지도 모르겠다. 실로 우리는 '행복'이란 것을 현재 우리 앞에 주어져 있는 것들이 가진 매력 속으로 정신없이 빠져드는 일이라 여기고 있다. 마치 모든 것이 이미 주어져 있는 것처럼, 더는 무엇도 희망할 것이 없는 것처럼, 그리고 마치, '현재'가 '내일'을 지워버려야만 한다는 것처럼 말이다.

어떤 순간을 있는 그대로 체험한다는 것은 사실이 아니다. 우리는 그 순간을 더는 어떤 보정도 할 필요가 없는 완벽한 스냅사진으로 찍어 미화하기 때문이다. 앞서 논했던 것처럼, '현재'는 멋진 사진으로 찍힐 수 있을 때에만 행복한 것이 될 수 있다. 어째서인가? 어째서 우리는 애써 이러한 위장과 보정을 시도하는 것인가? 그 이유는 역설적이게도, 우리가 보고 싶지 않은 것이 바로 저 '현재'이기 때문이다. 사실 우리에게는 저 '현재'를 가까이서 자세히 바라볼 수 있을만한 도량이 없다. 우리의 일과 직업 활동, 이곳저곳을 오가는 동선, 이 모든 분주한 움직임들이 너무나도 다람쥐 쳇바퀴 돌듯 기계적으로 느껴지는 것이다. 우리가 시야에서 치워버리는 것은 다름이 아니라 현재를 구성하는 저 기계적인 제자리걸음들이요, 의지를 약화시키는 저 무기력 상태인 것이다. 따라서 '지금 그리고 여기'에 대한 열광은 다만 도피에 지나지 않으며, 나아가 정체를 감추고 있는 좌절감에 지나지 않는다. 그러한 좌절을 극복하기 위해 우리는 "언제나 격한 갈망에 시달리며, 언제나 욕망과 열의와 불안에 요동치고 있는 우리의 의지를"[121] 단단히 붙잡아야 한다. 또한 사소한 쾌락들에 몸을 내맡겨서는 안 될 것이며, 현재 속에서 미래의 가능성들을 예견해야 할 것이고 이를 통해 우리가 운명적으로 얻게 될 것들을 내다보아야 할 것이다. 예정된 것들은 '순간'의 행복을 아득히 뛰어넘는 행복이다. 설령 더할 나위 없이 행복한 순간일지라도, 넘쳐나는 행복에 비하면 아무것도 아닌 것이다.

행복하게 존재하는 일 안에는 어떠한 수동성도 포함되지 않는다. 그와는 정반대로 행복하게 존재하는 일 안에는 의식의 각성이 포함되며, 또한 다음과 같은 사실에 대한 깊은 이해가 포함되는 것이다. '행복하다는 것은 우리가 자주 혹은 가끔 그 안에 놓이게 되는 상태가 아니다. 그것은 내가 진심으로 추구하는 상태이며, 산다는 것이 의미하는 바 그 자체인 것이다.' 행복의 추구는 영원이나 영원히 지속될 만족을 꿈꾸는 일도 아니다. 사실 행복이 얼마나 지속되는가는 근본적으로 전혀 중요한 문제가 아니다. 중요한 것은 행복의 '크기'이다. 삶은 거대한 행복을 약속하며, 우리가 그것을 희망하는 것이 옳은 이유도 그것이 거대하기 때문인 것이다. 행복을 추구한다는 것은 잃어버린 낙원을 그리워하는 일이 아니라, 앞으로 우리에게 귀속될 것들이 무엇일지를 아는 일이다. 우리가 갈망하는 행복은 완전한 만족의 너머에 있다. 그것은 만족을 얻는 일보다도 훨씬 대단한 무엇을 표상하는 것이다. 설령 아주 짧고 일시적인 경험일지라도, 행복을 경험한 이라면 으레 풍요를 찬양하게 된다. 그는 행복과 결혼식을 거행하게 되고 이때 행복은 아무런 계산도 없이 그의 반려로 주어지게 되는 것이다. 우리가 바라는 것은 영원이 아니라 향연이다. 빵이 저절로 불어나고 포도주의 질이 저절로 높아지며, 우리의 삶이 그 속에서 마침내 마땅한 모습이 되는 그러한 향연 말이다. 행복하게 존재하는 것은 협상과는 무관한 일이다. 행복하게 존재한다는 것은 우리가 언제나 우리의 바람보다도 더 많은 것을 갖게 됨을 의미하기 때문이다. 행복에는 언제나 저 '잉여'와 '추가'의 느낌이 따라붙게 된다. 우리가 바라는 것은

'만족'이 아니라, 바로 저 '차고 넘침'인 것이다. 그렇기 때문에 우리는 이미 행복을 느끼고 있을 때조차도 계속해서 행복해지고자 하는 바람을 놓지 않는다.

우리가 바라는 것은 차고 넘치는 '풍요'이지, '과도함'이 아니다. 자극적인 감각에 대한 취향이 그러한 것처럼, 과도함에 대한 취향은 우리의 결핍감, 곧 원하는 것을 결코 충분히 얻지 못한다는 느낌을 둘러싸고 형성된다. 과도함에 사로잡힌 이의 갈망은 어떤 것으로도 달랠 길이 없다. 그의 바람은 어떤 것으로도 채울 수가 없는 밑 빠진 독과도 같다. 그렇게 "삶을 최대한으로 만끽해야 한다"는 그의 생각 안에는 항상 어느 정도의 불안이 수반되게 된다. 그것은 눈앞에 놓인 먹을거리가 잠시 뒤에는 동나고 말리라는 생각에서 오는 불안, 모든 과정의 즐거움을 질식시켜버리는 목적의식에 의한 불안이다. 한데 진정한 행복이란, 그와는 정반대로 우리가 스스로 바랐던 것보다 더 많은 것들을 갖게 되는 상태를 말한다. 행복한 삶의 경험은 자신의 능력으로 마련할 수 있는 삶을 넘어서는 삶에 대한 당혹스러운 경험인 셈이다. 우리는 이미 가진 것에 만족하는 것이 아니라, 앞으로 가져야 마땅한 것을 희망한다. 무척 뜻밖이긴 하지만, 이러한 희망을 가장 정확하게 표현하고 있는 것은 신랄한 어조로 쓰인 니체의 다음과 같은 문장들인 듯하다. "비참함과 궁핍함, 악천후, 장애, 고립 따위 가운데, 우리가 견뎌낼 수 없는 것이 무엇이 있겠는가? 실로 우리는 이 모든 것들을 기어이 이겨내고 만다. 우리는 애초부터 지하에서 생활하며, 일생을 싸움에 바치기 위해 태어난 존재들인 것이다. 싸움을 통해 우리는 매번 새로이 빛으로 돌아가게 되고 매번 새로이 번쩍이는 승리의 시간을 맛본다. 그런 뒤에 우리는 매번 태어났을 때와 마찬가지의 상태로 곧 꺾이지 않는 의지를 품고 있으며 싸움의 긴장을 늦추지 않고 있는 그 상태로 되돌아가는 것이다. 새로운 것에 뛰어들 준비가 된 채, 보다 어려운 난관에 부딪힐 준비가 된 채, 보다 멀리 떠날 준비가 된 채로."[122] 행복한 이는 언제나 보다 먼 곳으로 떠날 준비가 되어 있고 불확실한 것을 희망할 수 있는 능력을 갖추고 있으며, 아직은 존재하지 않는 것에 대한 충실한 믿음을 간직하는 이다. '새로운 것에 뛰어들 준비'를 마친 상태, 이는 곧 '희망'에 대한 완벽한 정의라고 할 수 있다. 우리는 단 한 차례 태어나는 것이 아니라, 행동 속에서 행복한 삶에 대한 열렬한 희망을 품을 때마다 매번 새롭게 태어나기 때문이다.

행복한 삶을 살고자 한다면 우리는 끊임없이 강한 정신력을 발휘할 필요가 있다. 행복할 때라는 것은 우리가 홀로 자기 자신이 되는 때이다. 한데 이때, 우리는 스스로의 내면에 고요히 침잠해 들어가거나 자포자기의 상황에 놓이게 되는 것이 아니라, 말 그대로 '고군분투'의 상황에 놓이게 되는 것이다. "내가 요구하고 또 얻는 것은 바로 어느 정도의 삶의 무게이다."[123] 이 지상에서 행복하게 산다는 것은 실로 '그렇게 되어야 하는 것들'을 만나러 가는 일이다. 이는 삶의 맛을 음미한다기보다는 부지런히 행동을 취하는 쪽에 훨씬 더 가까운데, 왜냐하면 "진정한 자기 자신으로 거듭나고 자신의 깊은 '그릇'을 되찾는 일은 그리 쉬운 일이 아니기"[124] 때문이다. 그러한 '깊이'는 거저 주어지는 것이 아니며, 그것을 획득하는 일은 우리의 과제가 된다. 그리고 그 깊이는 우리가 세상에 생생하게 드러내는 저 영광 속에 깃들어 있는 것이다. 따라서 행복하게 산다는 것은 우선적으로 무기력을 내치고 자신의 행복에 불타는 열의를 더한다는 것을 의미한다. 그 열의는 "순백의 힘과 서린 생명력으로써 저 모든 바닷바람에 저항하는 여인"의 열의이며, "세상의 겨울이 왔을 때, 과일을 내어줄 이는 바로 그녀"[125]인 것이다. 카뮈는 이 구절을 통해 희망의 지평을 묘사하고자 했던 것이 아닐까? 여기서 그는 우리는 행복에 잠긴 가운데에도 보다 심원한 삶의 전망에 의해, 그 자체로 완벽하게 자랑스러울 수 있을 새로운 삶의 전망에 의해 가슴이 뛰게 되는 존재임을 말하고자 했던 것이 아닐까? 우리가 행여 그 과정에서 고초를 겪고 모욕을 받는다 하더라도, 절대 저 행복의 추구를 포기해서는 안 될 것이다. "나는 언제나 내가 원양에서 살고 있다는 느낌을 받았다. 위협을 받으면서, 지고의 행복 한가운데."[126]

미래에 대한 향수

"자신의 깊은 그릇을 되찾"으라고 카뮈는 단언한다. 그러한 일이 곧 우리의 소명이요, 우리가 우리의 것으로 요구할 수 있는 긍지이자 행복인 셈이다. 카뮈는 "되찾다"라는 단어를 사용했다. 실로 행복에 첫발을 내딛는 것이 아니라, 그곳으로 '돌아가게' 된다. 그렇게 되어야 하는 바를 향한 이 복귀, 그렇게 되어야 마땅한 삶에 대한 이 추억은 행복을 희망으로 만들 뿐만 아니라 일종의 향수(鄕愁)로 만들어버린다. 그것은 앞으로 우리에게 귀속될 어떤 것들에 대한 향수요, 우리를 부르는 미래에 대한 향수인 것이다. 실제로 우리는 행복에 잠긴 순간에조차도 약간은 얼얼한 향수를 느끼며, 이렇게 생각하게 되지 않던가? '삶은 그렇게 되어야 한다. 그래야만 충만한 삶이리라.' 이는 뒤를 돌아보는 것이 아니라 앞을 내다보는 노스탤지어, 삶에게 그것의 약속들을 지킬 것을 요구하는 노스탤지어이다. 우리는 미래가 부디 우리를 실망시키지 않기를 바라며, 미래를 향해 난 문들 앞에서 발을 동동 구르게된다. 더이상 존재하지 않는 것들이 아니라, 앞으로 그렇게되어야 할 삶의 모든 것들을 향하는 이 향수는 우리가 '현재'를 파악하는 특별한 방식이다. 미래에 대한 향수를 통해, '현재'에 두께를 부여한다. 행복한 상태에서도 우리는 행복이란마땅히 받아내야 할 빚이며, 행복을 되찾기를 희망해야만 한다고 생각하게 된다. 그것은 "저 초록색 불빛에 대한 믿음이자, 오르가즘에 잠긴 미래에 대한 믿음이다. (...) 지금 당장은 그것을 붙잡을 수 없다. 하지만 그런 사실은 전혀 중요하지 않다. 내일이면 우리는 보다 빠르게 달려갈 것이고 두 팔을 보다 멀리까지 뻗게 될 것이다... 그러면, 아름다운 아침이다..."[127] 따라서 현재는 결코 우리와 맞닿지 않는다. 현재와 우리 사이에는 아직 없는 것에 대한 기대와, 앞으로 그렇게 되어야 할 것에 대한 향수가 껴 있기 때문이다. 그러한 향수에 잠길 때, 우리는 지나가버린 과거를 생각하며 탄식하는것이 아니라, 앞으로 우리의 것이 될 무엇인가가 현재에 남긴 자국을, 우리에게 권리가 있는 지고의 행복이 현재에 남긴흔적을 발견하게 된다. 우리는 단일한 방향으로 흘러가는 시간 속이 아니라, 동시에 펼쳐진 복수의 차원 속에서 살아간다. 그렇게 우리는 약속된 미래의 행복에 대한 추억을 가진채, 아직 존재하지 않는 것을 향해 뻗어 있는 현재 속을 살게 되는 것이다. 아직 존재하지 않는 것들에 의해, 우리 마음속에는 향수와 기대가 동시에 쌓이게 된다. 여기서 우리는 말장난을 하는 것도 아니고 시제들로 장난을 치고 있는 것도 아니다. 하나의 감정을 묘사하고 있을 뿐이다.

이 감정을 표현하는 데 가장 적절한 용어는 사실 사우다드(saudade)일 것이다. 이 단어는 포르투갈에서 유래했으며, 처음 쓰이게 된 시기는 13세기경으로 추정된다. 어떤 이들은 이를 "불안(inquiétude)"으로 옮기기도 한다. 예컨대, 앞서 인용했던 라이프니츠의 글에서 "불안"의 개념을 설명하기 위해 '사우다드'를 언급된 경우도 있는 것이다. 실제로 '사우다드'는 사라져버린 것에 대한 그리움이 아니라, 다른 것에 대한 불안을 의미한다. 그것은 이전으로 돌아가고 싶다는 감정을 부추기는 것이 아니라, 갈림길에서의 선택과 새로운 삶의 개막을 부추긴다. 한편, "노스탈지(nostalgie)"[17]라는 단어는 고국에 대한 병적인 그리움에 시달리는 스위스 위병들의 증상을 묘사하기 위해 18세기의 어느 의사가 고안해낸 단어로 '사우다드'와 그 뜻이 정확히 일치하지는 않는다. '사우다드'는 예전에 있던 것들로 인해 생겨나는 우울이 아니라, 앞으로 도래해야 할 것들에 대한 기대이기 때문이다. '사우다드'를 통해 우리는 현재가 품고 있는 모든 약속들을 볼 수 있고 미래가 우리에게 가져다줄 모든 것들을 내다볼 수 있다. 그것

---

17. 앞서 언급된 포르투갈어 '사우다드'도, 여기서 언급된 프랑스어 '노스탈지'도, 우리말로는 모두 향수(鄕愁)로 번역될 수 있는 말이다.

은 언젠가 우리의 것이 되어야할 미래의 삶의 기억이며, 가장 좋은 것에 대한 향수, 곧 우리의 행복을 절대적이고 결정적인 것으로 만들어줄 저 미래의 추가분에 대한 향수인 것이다.

이 당혹스러운 향수의 의미를 확정 지으려는 시도를 하면서, 이탈리아의 안토니오 타부키는 '사우다드'를 다음과 같이 정의한 바 있다. "가슴을 에는 듯한 무엇이지만, 또한 감동적인 것이 될 수도 있는 무엇으로 단지 과거에만 결부되는 것이 아니라 미래에도 결부될 수 있다. 왜냐하면 그것은 우리가 그 실현을 바라게 됨직한 어떤 욕망을 표현할 수도 있기 때문이다. 사태가 복잡해지는 것은 바로 이 지점에서이다. 미래에 대한 향수는 모순이기 때문이다."[128) 그리고 이 모순이야 말로 '행복의 모순'이다. 이 모순을 통해, 우리는 그렇게 되어야 마땅한 미래의 삶의 모습을 속속들이 파악할 수 있게 되고, 그로부터 기대할 수 있는 모든 것들을 파악할 수 있게 되며, 그와 동시에 어떤 식으로든 이미 일어났을 것이 분명한 과거들 역시 파악할 수가 있게 된다. 그것은 우리의 운명인 동시에 과거이기 때문이다. 그것은 우리를 인도하는 동시에 우리보다 앞서 나가는 이상으로 우리의 현재 행복은 그 이상을 향해 신호를 보내게 된다. 그리고 이때, 우리가 돌아가길 원하는 '저곳'에 대한 향수는 우리 가슴을 먹먹히 조여 오게 되는 것이다. 그러한 것이 우리가 '사우다드'를 통해 겪게 되는 독특한 경험이며, 또한 그러한 것이 행복에 대한 우리의 욕망이다. 그것은 알려지지 않은 나라의 발견되지 않은 고장에 대한 향수병이다. 그것은 유년기와 청년기를 포함하여 우리의 과거 어떤 시기와도 무관하다. 그것은 이상 때문에 생긴 병이며, 이 병은 기이하게도 다음과 같은 확신들과 결부되어 있다. 곧 삶은 더 많은 것들을 내어줄 수 있으리라는 확신, 그리고 '현재'는 지금 주어져 있는 것보다 많은 것들을 품고 있으리라는 확신 말이다. 그것은 전생에 대한 기억과 욕망이 남긴 가볍게 벌어진 상처이다. 보들레르의 시는 이를 두고 "고통스러운 비밀"이란 표현을 썼다. "나는 오래도록 거대한 주랑에서 살았다. (...) 내가 고요한 즐거움들에 잠겨 살았던 장소는 바로 그곳..."[129]

희망과 마찬가지로 미래에 대한 향수 역시 과거와 현재의 구분을 아랑곳하지 않으며, 아직 없는 것과 더는 없는 것의 경계를 마음대로 넘나든다. 희망이 오직 미래만을 겨냥하지는 않는 것과 마찬가지로 향수도 오직 과거에만 관계되지는 않는다. 향수가 향하는 시간대는 현재와 미래를 포함한 모든 시간, 곧 삶이 제 약속들을 지키는 것을 보고 말겠다는 욕망과 우리 자신의 행복한 순간들을 통해 절대적인 행복의 가능성을 내다보고 말겠다는 의지로 인해 하나로 묶인 시간들인 것이다. 따라서 '행복(bonheur)'의 어원은 우리를 속이는 것이다. 행복은 우연히 우리에게 찾아드는 어떤 것이 아니라, 우리의 근본적인 존재 상태를 정의하는 무엇이기 때문이다.

행복을 경험하면서, 우리는 근본적으로 우리의 것인 저 행복이란 존재 조건에 대해 향수를 품게 된다. 행복은 단지 몇 시간에 걸쳐서만 우리의 존재 조건이 되는 것이 아니라, 우리의 '근본적인' 존재 조건인 것이다. 행복한 상태는 지금 우리의 상태인 동시에 우리가 앞으로 그렇게 되어야만 하는 상태이기도 하다. 그리고 놀랍게도, 저 미래의 삶에 대한 기억을 가장 훌륭하게 표현해낸 이는 '사우다드'의 위대한 시인인 페르난두 페소아인 것이다. "아, 대체 누가, 누가 알겠는가, 나는 아주 오래전에 이미, 나보다 한참 앞서 이곳을 떠났을지도 모른다는 사실을."[130] '나'는 다만 현재의 나에 지나지 않는 것이 아니다. 나는 또한, 나를 앞서간 저 또 다른 나, 나보다 일찍 길을 떠나, 이미 목적지에 도달해 있는 행복한 나이기도 한 것이다. 그리고 나는 행복한 나를 따라잡기를 희망한다. 이때 우리가 느끼게 되는 향수는 과거의 다른 가능성들을 따져보는 데서 오는 우울감이 아니라, 다시금 페소아의 표현을 빌리자면 "신비하게도 나 자신이 될 다른 이"[131]에 대한 그리움에 해당한다. 내 안에 삶이 그리고 행복한 또 다른 나에 대한 희망이 요동치고 있다면, 우리가 '현재의 나'로 만족해야 할 이유가 대체 무엇이 있겠는가?

페소아는 매일 오후마다 방문하는 리스본의 카페 '아 브라질레이라'의 야외석에 앉아, 저 멀리 타구스강을 바라본다. 타구스강은 아직 대양이 되지 못한 강일 뿐이지만, 그 강과 저 먼곳을 향한 페소아의 시선 속에서 도시의 풍경은 이미 흐릿하게 사라지고 있다. 강의 하구를 면하고 있는 코메르시우 광장, 곧 '궁전 광장'은 저 물과 도시의 뒤섞임으로부터, 난바다와 포석들의 뒤섞임으로부터 강의 고유한 아름다움을 끌어낸다. 거리를 지나던 사람들이 돌연히 멈춰 선다. 마치 타구스강이 그들의 말문을 가로막은 것만 같다. 강은 대화할 권리를 되찾는다. 대화에 있어서, 강은 그간 리스본의 돌덩이들에게 지나치게 많은 공간을 내주었던 것이다. 타구스강은 석호(潟湖)와 골목길들이 완벽한 조화 속에서 균형을 이루고 있는 베네치아의 운하들과 같지 않다. 리스본은 다르다. 리스본은 저 궁전 광장에 서서 먼 곳에 있는 대양을 향해 머리를 조아리는 것이다. 그러면 리스본을 감싸는 안개는 이미 더는 지상의 안개가 아니지만, 그렇다고 해서 완전하게 대서양의 바다 안개인 것도 아닌 것이 된다. 이러한 리스본 해안의 모양새를 페소아는 "돌의 향수"[132]라고 불렀다. 그것은 우리로 하여금 뒤를 돌아보게 하는 것이 아니라, 난바다를 바라보게 만드는 향수이다. 우리는 행복을 찾아가는 데 있어서, 우리를 기다리고 있는 보다 높은 삶을 찾아가는 데 있어서, 이미 지각중이다. 우리가 존재해야 할 곳은 즉각적인 현재의 맞은편에 있는 '저곳'이다.

실로 '사우다드'에 있어 중요한 문제가 되는 것은 저 '늦었다'는 감각이다. 우리가 살아야 하는 삶을 사는 데 있어, 우리가 되어야 하는 존재가 되는 데 있어, 이미 너무나도 늦어버린 것이다. 때는 저 감미로운 시간들을 천천히 음미해야 할 시간이거늘, 우리의 행복은 거대하고 절대적인 행복은 이미 우리를 앞질러 가버렸다. 우리는 현재 안에서 꾸물거리고 있는데, 그 현재 속에서 미래는 이미 발을 동동 구르고 있고 그렇게 되어야 마땅한 삶에 대한 기억은 벌써부터 흘러넘친다. '지금'의 시간은 언제나 이곳이 아닌 '저곳'에 있다. "나는 분명 지금 이 순간 다른 대륙들의 궁전들에서 연주되고 있을 이국 음악들이 듣고 싶어 미칠 지경이다... 내 영혼 속에서 그 바람은 언제나 멀리 있다... 어쩌면, 소녀시절의 내가 바닷가에서 파도들의 뒤를 쫓아 달리곤 했던 것도 같은 이유일지 모르겠다."[133] 행복은 우리가 '서둘러' 돌아가야 하는 조국이다. 실제로 "노스탈지(nostalgie)"라는 단어의 어원은 "돌아감"을 의미하는 그리스어 노스토스(nostos)와 "고통"을 의미하는 알고스(algos)이다. 다만 여기서 '노스토스'는 그것보다도 더 오래된 인도유럽어 단어에서 파생된 것임에 주목할 필요가 있다. 그리고 해당 인도유럽어 단어가 의미했던 바는 "행복한 복귀"와 "구원"이었던 것이다. 따라서 오직 '지금 그리고 여기'에만 머무른다는 것은 '자기 자신'으로부터 멀리 떨어진 곳에서, 자기 자신의 진정한 차원과 진정한 그릇이 박탈된 존재 속에 갇힘을 의미하게 된다. 아무런 두께도 갖지 못한 현재, 완벽하게 고정불변하며, 그곳에서 일어나는 모든 일들은 이미 낡은 것에 지나지 않는 현재에 우리를 못박는 것은 불행과 슬픔이다. 그것은 '사우다드'와는, 곧 우리의 활력을 유지시키고 우리를 추동하여 앞으로 나아가게 하는 온전히 행복한 삶에 대한 '희망'과는 조금도 상관이 없는 것이다.

모든 욕구가 채워졌음에도 불구하고 우리 마음속에 여전한 불만족과 채워지지 않는 갈망이 느껴진다면, 그것은 우리의 마음이 이미 다른 곳에 곧 삶이 또 다른 약속들을 실현하는 '저곳'에 가 있기 때문이다. 현재 경험하는 것들은 미래에 경험할 수 있는 모든 것들에 대한 전망을 우리에게 열어준다. 이때 분명 어떠한 결핍도, 궁핍도 느끼지 않지만, 그럼에도 불구하고 우리는 계속해서 더 많은 것들을 욕망하기를 멈추지 않는다. 그렇게 우리는 절대적인 행복을 엿보게 되고 그 행복은 우리의 "영혼 안에 주름들을" 남기게 된다. 영혼에 잡히는 이 주름들은 "이도저도 아닌 어떤 것, 거의 그러한 것, 이 가능성, 이 '어쩌면'"[134]이란 말로 지칭되는 미래의 가능성들로 아주 가까운 미래의 가능성이긴 하지만, 어쨌든 엄밀히 말해 아직 실현되지는 않은 것들이다. 우리는 그렇게 실제로 잃어버린 것도 아닌 어떤 것에 대한 상실의 슬픔을 느끼게 된다. 하지만 그렇다고 해서 행복 추구에 지장이 생기는 것은 아니다. 다만 만족은 우리를—완전히는—만족시키지 못한다는 이야기일 뿐이다.

그리하여 우리는 휴식을 취할 수 있는 운명이 아닌 것이다. 우리는 침착한 마음을 가질 수 없는 여행자들이다. 우리의 심장은 마치 "자기 집에서 분주한 발걸음을 옮기며 서서히 옛 기억을 되찾고 있는, 미쳐버린 왕년의 해군 제독"과도 같다. "휴식이 지긋지긋해진 그의 근육들은 여전히 황량한 바다에 가장 적합한 움직임들을 품고 있다. 그의 두 팔과 두 다리 안에는 향수가 깃들어 있다. 향수가 그의 머릿속에서 멋대로 빠져나오고 있다."[135] 만족을 모르는 우리의 심장은 절대를 욕망한다. 일시적인 욕구의 충족으로는 부족하다, 쾌락으로도 만족할 수 없고 안락으로는 더더욱 만족이 불가능하다. 쾌락과 안락은 모두 닫힌 세상에서 얻어질 수 있는 것들이다. 그곳에서 우리는 먹을거리를 찾아 허기를 달래고 마실거리를 찾아 갈증을 달래는 것이다. 쾌락과 안락의 감각에는 '바깥쪽'이 없다. 따라서 이것들은 욕구 충족의 너머에 있는 것들이나, 이미 얻은 이득의 너머에 있는 것들에는 관심이 없다. 쾌락은 텅 빈 자리를 메우러 몰려드는 밀물과도 같은 것이다. 쾌락에는 과거도, 미래도 없다. 그것은 다만 즉각적인 현재일 뿐이다. 한편, 행복은 쾌락과는 전혀 다른 차원의 것이다. 행복은 이 유한한 쾌락의 세계에 속해있지 않다. 행복의 공간은 이 세계보다 광대한 무한의 공간이요, 결코 길게는 진정되는 일이 없는 '불안'에 의해 항구적인 움직임이 일어나는 공간인 것이다. 행복하게 되길 원한다면, 우리는 존재 방식의 변화를 받아들여야 한다. 이 변화는 우리의 삶의 방식을 근본적으로 바꾸는 대사건이다. 행복은 우리의 존재의 빈 자리를 메우러 오지 않는다. 대신, 행복은 우리의 존재를 그 본래의 모습으로 복구시키러 온다. 행복의 특수성은 그것의 지속성에 있는 것이 아니라, 모든 것을 바꾸는 그 혁신성에 있다. 그리하여 행복해지고자 하는 욕망 안에는 구원을 받고자 하는 욕망이 포함되게 된다. '구원'은 종교의 전유물이 아니다. 그것은 우리가 공통적으로 갖고 있는 어떤 경험을 지칭하는 단어일 뿐이다. 그 경험은 우리로 하여금 현재의 행복들 속에서 하나의 증표를 알아볼 수 있게 한다. 그리고 그 증표란, 마땅히 그렇게 되어야 하는 모습으로 '돌아간', 보다 생생한 삶이 약속되어 있음을 우리에게 알려주는 증표인 것이다.

익어가기, 햇빛 아래에서든 얼음 속에서든

우리 시대의 사람들은 고개를 들어 이상을 바라보고 이상의 추구 속에서 얻은 상처를 소중히 여기고 값싼 만족을 피하는 것보다는 일상의 소소한 행복들을 추구하는 쪽이 훨씬 낫다는 생각을 갖고 있는 듯하다. 우리는 얇게 저며진 행복의 단편들이 허기를 달래주고 잠시나마 갈망을 잠재워 줄 수 있다고 믿고 있는 것이다. 우리는 현재의 순간만으로 충분하며, 그것은 우리의 모든 것이자 조국이라는 말을 반복하고 또한 보다 광대한 행복이 기다리고 있을 '다른 곳'에 대한 열망으로 전전긍긍하는 것은 헛된 일이라는 말을 반복한다. 그리고 그렇게 행복은 조금씩 본래의 장엄함을 잃게 된다. 한데 우리는 정말 이 정도로 속기 쉬운 사람들이란 말인가? 행복하다는 것은 기분이 좋은 것과 같고 또한 유쾌한 순간들을 수집하는 일과 같다는 말을 정말 진심으로 믿고 있단 말인가? 이는 사색적이고 금욕적인 성격을 지닌 새로운 세속의 종교이며, 우리는 그 믿음의 토대를 굳건히 다지기 위해 철학을 끌어들이려는 시도를 하게 된다. 약간의 영성과 몇 가지 번뜩이는 아이디어들로 '지혜의 보고'를 구성한다면, 그것은 아마도 우리를 안심시켜주며 다음과 같은 점들을 입증해줄 수 있을 것이다. 곧 행복이란 크게 복잡한 문제가 아니며, 우리는 쉽게 적용될 수 있는 두세 가지의 원칙들을 통해 행복해질 수 있으며, 이 원칙들은 결코 우리의 자유를 침해하지 않을 것이며, 이를 실천하기 위해서는 딱히 신들도 스승들도 필요하지 않다는 점들을 말이다. 요컨대, 그것은 종교성에서 해방된 인류를 위한 새로운 종교인 셈이다.

따라서 사람들은 철학의 옛 거장들의 사유로부터 행복의 비결을 찾아낼 수 있다는 생각을 품게 된다. 그들이 선정하는 철학자들은 그리스도교가 조금씩 사람들의 정신에 흘려 넣었다는 저 '불행한 자의식'이란 이름의 '독'의 영향을 받지 않았다고 간주되는 인물들이다. 예컨대 에픽테토스, 세네카, 마르쿠스 아우렐리우스, 그리고 보다 현대적인 철학자들 중에서는 몽테뉴나 스피노자와 같은 철학자들 말이다. 사람들은 이 철학자들을 보다 "진실한"[136] 삶의 방식으로 인도해줄 수 있는 "삶의 조언자들"로 포장한다. 이 철학자들이 남긴 족적을 살펴볼 때, 철학이란 것은 결국 "자기 윤리학"이 되지 않을 수 없으며, 이 윤리학을 통해 자기 자신을 가다듬는 법을 배

우고 스스로를 발명하고 재발명해 내는 법을 배워야 한다는
것이다. 그리고 철학을 이런 식으로 이해한다면, 우리는 정치
적이고 도덕적인 차원의 명령들보다는 언제나 "자기 자신에
대한 염려"를 우선시할 수밖에 없게 된다. 우리는 이들 철학
자에게 "정신 수련"의 실천을 권장해달라고 부탁한다. 이때
우리가 원하는 것은 그리스도교식의 정신 수련 방식이 아니
라, 정신 수련이 처음으로 고안되었을 때의 수련 방식이다.
달리 말해, 철학자에게 고대 그리스의[137] 정신 수련법에 대한
가르침을 요청하게 되는 것이다. 철학에 대한 이러한 해석은
비록 흥미롭기는 하나, 역사의식이 결여된 이해이다. 이 해
석은 어쨌거나 그리스-로마 시대에 걸쳐 폭넓게 옹호되었던
다음과 같은 명제를 깨끗이 무시하고 있다. '철학자는 행복한
삶의 기술의 스승과는 거리가 먼 이로 다른 무엇이기에 앞서
우선적으로 외떨어진 존재이다. 그는 완성된 인간이기에 앞
서 고독한 인간이고 현자이기에 앞서 광인인 것이다.' 실제로
진리를 사랑하고 진리를 말하기 위해서는 일종의 영웅주의가
반드시 필요하다. 진리를 사랑하고 진리를 말한다는 바로 그
사실 때문에 철학자는 고통과 고독을 겪게 될 수도 있다. 이
는 철학자라면 시류에 역행할 수 있어야 하고 주류 의견에 반
대할 수 있어야 하며, 절대다수의 합의도 거부할 수 있어야
하고 대화나 토론의 결론마저도 거절할 수 있어야 하기 때문
이다.

사실 현대에 되살리는 것이 유익할 수 있는 고대의 가르침이 정말로 존재한다면, 그것은 키니코스 학파의 가르침이 될 것이다. 여기서 '키니코스(cynique)'란 오늘날 우리가 일상적으로 그 단어를 사용할 때처럼 "파렴치하다(cynique)"를 뜻하는 것이 아니라, 하나의 철학 사조를 의미한다. 키니코스 학파 사람들은 소크라테스의 후계자들로 어떠한 법에도 굴복하지 말아야 할 필요성을 주장했으며 또한 널리 인정받는 어떠한 가치들에 대해서도(예컨대 부, 아름다움, 인맥, 고귀한 혈통 따위) 옹호하지 말아야 함을 주장했다. 예컨대 알렉산더 대왕 앞에서도 고개를 뻣뻣이 세운 채, 자신의 통 속에서 그에게 "당신이 내 햇빛을 가리고 있으니 몸을 치우시오"라고 말했다는 디오게네스, 이 키니코스 학파의 일원은 다른 사람들 모두가 극장을 빠져나올 때에 홀로 극장에 입장하는 버릇을 갖고 있었다. 사람들이 그에게 이유를 묻자, 그는 이렇게 답했다고 한다. "평생동안, 나는 이렇게 살기 위해 노력해왔소."[138] 키니코스 학파의 미덕은 우리를 진정시키는 데 있는 것이 아니라, 쇄신시키는 데 있다. 위안을 거절하기, 주류를 거부하기, 널리 퍼진 관행을 거부하기, 분노를 유지하기, 타협을 배척하기, 만약 키니코스 학파의 미덕을 되찾은 어떤 철학이 등장한다면, 아마도 이러한 것들이 그 철학의 과제가 될 수 있을 것이다. 그리고 그 철학이 따르게 될 단 하나의 규범은 다음과 같은 것이 되리라. '무거운 정신을 곁에 두지 말고

언제나 웃음을 곁에 둘 것.'

키니코스 학파의 저 웃음은 아마도 지나치게 쉽게 위로하려드는 것들을, 그리고 고통스러운 부분을 감추고 실패를 절반의 성공으로 포장해버리는 것들을 경계하는 방법을 배우는 최고의 수단일 것이다. 그리고 우리의 사유는 그러한 배움의 과정 속에서 더욱 강하게 단련될 수 있으리라. "작품이 되기 전의 생각은 여정이다. 이 여정 속에서 그대는 여러 거북하고 어울리지 않는 장소들을 명백히 그대를 위한 장소가 아닌 장소들, 거쳐 가야만 할 것이다. 이를 수치스럽게 여기지 말라. 자신의 '고귀함'을 지킨답시고 그러한 장소들을 피하는 이가 있다면, 그의 앎은 아무리 많은 시간이 지난들 영영 여정의 도중에 멈춰서 있는 듯한 인상을 주게 되리라."[139] 위의 인용문은 디오게네스의 글이 아니라, 미쇼의 글이다. 이는 우리 시대에도 고대 키니코스 학파의 훌륭한 계승자들이 있다는 사실에 대한 증명인 셈이다. 옛날에는 사람들이 철학은 "진정한 삶"에 대해 아무것도 알지 못하며, 철학의 가치는 진정한 삶에 깃든 일상적 풍요의 발치에도 미치지 못한다는 비난을 가했다. 한편 오늘날의 사람들은 철학에 대해, 삶의 소박한 시흥과 영원한 매력을 찬양해주고 일상적인 미소들이며 소소한 행복을 들려줄 것을 요구한다. 이러한 상황 속에서, 우리 시대의 철학은 참신함을 잃어가고 있으며, 삶은 삶대로 활기를 잃어가고 있는 듯하다. 오늘날 삶이 찬양되고 있지만, 지금과 같은 찬양 방식을 통해서는 우리가 삶에 대해 더 깊은 성찰을 하거나 더 충실히 경험할 수 있지는 않다.

하지만 어쩌면 저 현재의 행복에 대한 찬양이야말로 위기의 시대를 살아가는 우리에게 필요한 철학일지도 모르겠다. 그것은 희망이 제한되고 미래가 '지금 당장'의 영역으로 한정된 시기에 필요한 철학이지 않을까? 공감도, 감정도, 자기 자신을 받아들이는 일도, 주어진 것들을 받아들이는 일도 즉각적이어야 하는 우리 시대에 말이다. 아무래도 논리적인 생각보다는 반감이 더 크게 작용할 것 같은 이야기이긴 하지만, 이런 생각을 해볼 수도 있다. '저 새로운 종류의 도덕주의는 어쨌든 우리를 더 실용적이고 더 경쟁력 있는 방향으로 이끌어주며, 합의하는 법을 가르쳐주지 않던가?' 그것은 희망과 위대함이 아니라, 끈질긴 존속에 초점을 둔 철학이다. 그렇게 우리는 키니코스주의에 등을 돌리게 된다. '이상'을 닮은 그 어떤 것 앞에서도 조롱거리가 되지는 않지만, 어쨌든 현실을 직시하는 이로서. "햇빛이 없는" 경우라 할지라도 "얼음 속에서 익어가는"[140] 법을 아는 이로서.

감사의 말

편집자 안느-소피 주아노가 없었더라면, 나는 행복에 대해 어떤 것노 이해하지 못했을 것이고 햇빛 아래에서든 얼음 속에서든 성숙할 수 있는 힘을 갖지 못했을 것이다. 셀 수 없을 정도로 여러 차례 내 원고를 검토해 준 그녀의 노고에 감사하는 바이다. 영광스럽게도 나를 저자로 받아들여 준 알뱅 미셸 출판사에 특히 장 무타파에게 감사의 인사를 전한다. 파스칼 마르텔리와 그의 가족에게도 감사 인사를 전한다. 알가졸라의 호텔 '보 리바주'에 있는 내 친구들에게도 감사 인사를 전한다. 알가졸라는 내가 선택한 고향이자 내게 위안을 주는 땅이다. 내 친구들에게, 그리고 이 원고의 초교를 봐준 이들에게 감사 인사를 전한다. 아마 그들 모두가 코르시카 사람인 것은 아니겠지만, 어쨌든 내게 있어 그들은 우울함에 대한 가장 아름다운 승리를 표상하는 이들이다. 에마누엘라 스크리바노에게 감사 인사를 드린다. 그녀가 없었더라면 나는 이 책과 관련된 어떠한 생각도 떠올리지 못했을 것이다. 행복에 관한 글을 쓰도록 나를 자극해준 잡지 「에튀드」, 나탈리 사르투-라쥐스와 클로에 살방에게 감사 인사를 전한다. 미래의 데카르트 연구자들인 '시클 피'의 학생들에게도 감사 인사를 전한다. 그리고 PG, 나의 F, 나의 BS, 나의 N에게, 또한 내가 행복에 관한 글을 쓰는 것을 보고 그토록 많은 웃음을 터뜨렸던 NN에게, 언제나 감사하다.

역자 후기

이 책의 원제는 Un bonheur sans mesure: petite philosophie de la vie en majuscule이다. 구(句)별로 따져보면 Un bonheur 는 '어떤 행복', sans mesure는 '한도(mesure)가 없는', petite philosophie는 '작은 철학', 그리고 de la vie en majuscule는 '대문자(majuscule)로 쓰인 삶의'가 된다. '어떤 행복'과 '작은 철학'이 의미하는 바는 명백하므로 부연이 필요치 않다. 다만 번역본의 제목에서 '한없는 행복'이 어째서 삶의 '광대함'과 연관되는지, 그리고 '대문자로 쓰인 삶'을 역자가 어째서 '광대한 삶'으로 옮겼는지에 대해서는 약간의 설명과 자기변호가 필요할 듯싶다.

불어의 'mesure'는 상당히 많은 뜻을 가진 다의어이다. 그것은 '측정'이기도 하고, '척도'이기도 하며, '한도'이기도 하고, 나아가 '절도(節度)'이기도 하다. 한데 이 모든 의미들은 결국 '크기'와 '결정'이라는 두 가지 관념과 관계된다. 측정은 크기를 결정 짓는 행위이고, 척도는 측정을 위한 단위로서 결정된 크기이다. 한도는 넘어갈 수 없는 것으로 결정된 크기이고, 절도는 자유와 방종을 구분 짓는 경계로 결정된 행동의 크기인 것이다. 이러한 맥락에서 따져보면, 'mesure'가 없는 행복이란 언제나 '더 큰' 행복을 지향하며 '흘러넘치는' 역동적인 행복을 가리키게 된다. '한없는 행복'이란 말은 '더 없이' 완벽한 행복의 크기를 임의로 규정하는 것이 불가능하다는 말이지, 한번 손에 넣으면 무한히 지속될 수 있는 어떤 신비의 행복이 존재한다는 말이 아닌 것이다.

그런데 행복이 행복한 인간을 떠나 외따로 존재하는 대상이 아니라는 점에서, '한이 없다'는 수식어는 또한 '행복하게' 존재하는 인간의 속성을 묘사하는 수식어가 된다. 행복이 삶의 광대함과 연관되는 지점은 바로 여기이다. 행복은 '내일과 불확실성'을 위해 용감히 바다로 뛰어드는 인간의 몸을 떠나서는 존재하지 않으며, 끝없이 확장되는 그의 삶을 떠나서는 존재하지 않는다. 따라서 'mesure'는 또한 인간이 스스로 생각하는 그의 '그릇'을 의미하는 단어이기도 하다. 나의 '주제'에, 나의 '분수'에 이 정도 행복이면 족하다는 '비관론'을 결코 품지 않는 사람, 그러한 인간이야말로 행복에 역동성을 불어넣는 모험의 인간이자, '한없는 행복'의 인간인 셈이다.

그렇게 소문자로 쓰인 삶(vie)이 아니라 대문자로 쓰인 삶

(VIE)을 이야기한다는 것은, 비단 '삶'이란 단어를 강조할 뿐만 아니라, 더 많은 것, 더 큰 것, 더 높고 위대한 것을 지향하는 삶을 이야기하는 일이 된다. 폭과 높이에 있어 끊임없이 확장을 거듭하는 '삶'을 시각적으로 표현해주는 대문자의 '삶', 역자는 그러한 삶을 수식하기 위해 가장 적절한 단어가 '광대(廣大)'라고 생각했다. '대문자로 쓰인 삶'이 '광대한 삶'으로 옮겨진 까닭은 이상과 같다.

이 책은 실로 다종다양한 현대의 사회 현상들 및 사고방식들을 비판하고 있지만, 책 전체를 관류하는 비판의식을 한마디로 요약하자면 '행복의 왜소화'에 대한 비판이라고 할 수 있다. 물론 이는 개개인의 마음가짐에 대한 정신론적인 비판이라기보다는, 우리로 하여금 미래에 대한 '희망'을 갖기 힘들게 만드는 현대 사회에 대한 비판에 해당한다. 많은 이들이 보신주의 속에서 모험심을 잃고, '지금 그리고 여기' 속으로 피신하며, 쾌락과 안락을 행복으로 착각하게 된 데에는 현실적인 동기들이 없지 않다. 드빌레르도 예컨대 '경제 위기'로 인해 각박해진 현실이 행복에 대한 사람들의 관점에 영향을 미쳤으리라는 점을 부인하지 않고 있다. 저자는 현실을 도외시한 낙관 속에서 밑도 끝도 없는 희망을 품자는 주장을 펼치는 것이 아니라, 철저한 현실 인식 가운데, '정오'의 뜨거운 태양 아래에서, '그럼에도 불구하고' 희망을 품자는 주장을 펼치고 있는 것이다.

한데 '이상'에 대한 희망은 인위적인 결심과는 무관하게 우리 마음속에 ('미래에 대한 향수'로서) 자연스레 떠오를 수밖에 없는 희망이다. 희망의 실현을 위해 불확실한 내일의 모험 속으로 몸을 던질지 말지를 결정하는 것은 인간의 선택이지만, 그러한 희망을 품게 되는 것 자체는 인간의 숙명인 셈이다. 따라서 희망에 관해 인위적인 일이 있다면, 그것은 희망을 품는 일이 아니라 오히려 마음속에 차오르는 희망을 억누르는 일이 될 것이다. 그렇게 보자면, 드빌레르가 주장하는 바는 '없는 희망을 만들어내자'가 아니라, '드는 희망을 없애지 말자'에 가깝게 해석될 수 있다. 이를 더 자세한 말로 풀어 쓰면 다음과 같으리라. "보다 큰 행복과 광대한 삶을 지향하는 인간의 자연스러운 경향성을 억누르지 말자, 행복에 대한 희망을 '참지 말자', 그리고 그 희망이 가리키는 방향을 따라, 용기를 갖고, 내일의 모험 속으로 몸을 던지자."

가벼운 필치의 에세이지만 이러한 비판의식의 무게는 결코 가볍지 않으며, 독서 후의 이야깃거리가 풍부한 책이라고 생각된다. 아무쪼록 독자 여러분께서 즐겁게 읽어주시길 바라며 후기를 마친다.

2023. 8. 7. 이주환

글쓴이의 주

01) Montesquieu(몽테스키외), Lettres persanes(『페르시아인의 편지』), LXIII, Paris, Le Livre de poche, 1995, p.194.

02) Descartes(데카르트), Discours de la méthode(『방법서설』), dans Œuvres complètes, Paris, Vrin, 1996, t. VI, p.24.

03) Arendt(아렌트), La Condition de l'homme moderne(『인간의 조건』), Paris, Pocket, 2014, p.92.

04) Tocqueville(토크빌), De la démocratie en Amérique(『미국의 민주주의』), IIe partie, chap. XIII, Paris, Flammarion, <<GF>>, 1981, p.173-174.

05) Ibid., p.166.

06) Ibid.

07) Ibid., p.167.

08) Sartre(사르트르), Saint Genet, comédien et martyr(『성 주네, 배우이자 순교자』), Paris, Gallimard, 1952, p.289.

09) E. Dickinson(에밀리 디킨슨), Lieu-dit l'Éternité(『영원이라 불리는 곳』), dans Poésies, Paris, Seuil, <<Points>>, 2007, p.105.

10) Hobbes(홉스), Léviathan(『리바이어던』), Ire partie, chap. VI, Paris, Sirey, 1971, p.58.

11) Vian(비앙), <<La vie, c'est comme une dent(삶이란, 이빨과 같

은 것)>>, dans Je voudrais pas crever, Paris, Pauvert, 1962.

12) Nietzsche(니체), Ainsi parlait Zarathoustra(『차라투스트라는 이렇게 말했다』), Paris, Flammarion, <<GF>>, 1996, p.54.

13) Pascal(파스칼), Pensées(『팡세』), Paris, Le Livre de poche, 2000, fragment(단장) 166.

14) Ibid., fragment 104.

15) Sartre(사르트르), La Nausée(『구토』), dans Œuvres romanesques, Paris, Gallimard, <<Bibliothèque de la Pléiade>>, 1982, p.117.

16) Pascal(파스칼), Pensées(『팡세』), op.cit., fragment 171.

17) Ibid., fragment 168.

18) Ibid., fragment 197.

19) Pascal(파스칼), lettre 8 à Mlle de Roannez(드 로아네 양에게 보내는 여덟 번째 편지), dans Œuvres complètes, t. III, Paris, Desclée de Brouwer, 1991, p.1044.

20) Hobbes(홉스), Léviathan(『리바이어던』), Ire partie, chap. XIII, op. cit., p.122.

21) Marx(마르크스), <<Pour une critique de la philosophique du droit de Hegel>>(「헤겔 법철학 비판 서설」), dans Philosophie, Paris, Gallimard, <<Folio>>, 1982, p.90.

22) M. Csikszentmihalyi(미하이 칙센트미하이), Vivre(『몰입(flow): 미치도록 행복한 나를 만난다』), Paris, Robert Laffont, 2004.

23) Ibid., p.24.

24) "좋은 자기 관리 전략과 좋은 대인 관계 기술을 배우고 직업에 있어서는 훌륭한 일솜씨를 습득하도록 하라.", Tom G. Stevens, You Can Choose to Be Happy, Seal Beach, Californie, Wheeler-Sutton Publishing Company, 2010.

25) Emerson(에머슨), La Confiance en soi(「자기 신뢰」), dans E. Montégut, Essais de philosophie américaine, Paris, Charpentier, 1851.

26) Arendt(아렌트), La Condition de l'homme moderne(『인간의 조건』), op. cit., p.243.

27) Camus(카뮈), Le Mythe de Sisyphe(『시시포스 신화』), Paris, Gallimard, 1942, p.18.

28) Pascal(파스칼), Pensées(『팡세』), op. cit., fragment 181.

29) Matthieu 2, 18.(마태오 복음서 2:18)

30) Rimbaud(랭보), 「Angoisse」, dans Illuminations.

31) Montaigne(몽테뉴), Essais(『에세』), III, 10, Paris, Gallimard, <<Quarto>>, 2009, p.1231. 마르쿠스 아우렐리우스 역시 사람은 자신의 친구들과 "숨김없이 명백한" 관계를 가져야 한다고 주장한 바 있다. Marc Aurèle(마르쿠스 아우렐리우스), Pensées pour moi-même(『명상록』), I, 14, Paris, Flammarion, <<GF>>, 1992, p.34.

32) Montaigne(몽테뉴), Essais(『에세』), III, 10, op. cit., p.1231.

33) Baudelaire(보들레르), <<Chant d'automne>>, dans Les Fleurs du mal(『악의 꽃』).

34) Descartes(데카르트), Passions de l'âme(『정념론』), article 144, dans Œuvres complètes, op. cit., t. IX, p.437.

35) Nietzsche(니체), Crépuscule des idoles(『우상의 황혼』), avant-propos(서문), Paris, Flammarion, <<GF>>, 2005.

36) Nietzsche(니체), Le Gai Savoir(『즐거운 학문』), §357, Paris, Flammarion, <<GF>>, 2000, p.312-313.

37) Nietzsche(니체), Aurore(『아침놀』), §92, Paris, Flammarion, <<GF>>, 2012, p.95.

38) E. Tolle(에크하르트 톨레), Le Pouvoir du temps présent(『지금 이 순간을 살아라』), Paris, Ariane, 2000.

39) Freud(프로이트), Le Malaise dans la culture(『문명 속의 불만』), II, Paris, PUF, <<Quadrige>>, 1995, p.18-19.

40) Ibid., p.20.

41) Schopenhauer(쇼펜하우어), Le Monde comme volonté et comme représentation(『의지와 표상으로서의 세계』), IV, 58, Paris, Gallimard, <<Folio>>, 2009, p.30-31.

42) Bernhard(베른하르트), Maîtres anciens(『옛 거장들』), Paris, Gallimard, 1988, p.100-101.

43) Virgile(베르길리우스), Géorgiques(『농경시』), livre II, v.490.

44) Plutarque(플루타르코스), Vie des hommes illustres(『플루타르코스 영웅전』), cité par Rabelais, dans Gargantua.(라블레가 『가르강튀아』에서 인용함.)

45) Lucrèce(루크레티우스), De natura rerum(『사물의 본성에 관하여』), livre II, v.1-19, Paris, Flammarion, <<GF>>, 1964, p.53.

46) Spinoza(스피노자), Traité de la réforme de l'entendement(『지성교정론』), Paris, Flammarion, <<GF>>, 1964, p.181.

47) Kant(칸트), Fondements de la métaphysique des mœurs(『윤리형이상학 정초』), IIe section, Paris, Delagrave, 1988, p.132.

48) Descartes(데카르트), Méditations métaphysiques(『제일철학에 관한 성찰』), Première méditation(제1성찰), dans Œuvres complètes, op. cit., t. IX, p.18.

49) Horace(호라티우스), Odes(『송가』), I, 11.

50) Marc Aurèle(마르쿠스 아우렐리우스), Pensées(『명상록』), IV, 23, dans Les Stoïciens, Paris, Gallimard, <<Tel>>, t.II, 1997, p.494.

51) Ibid., IV, 49.

52) Chrysippe(크리시포스), cité par Stobée(스토베우스가 인용), Eclogae, I, 79, dans H. Von Arnim, Stoicorum Veterum Fragmenta, Leipzig, 1905-1913, 4 vol., rééd. Stuttgart, Teubner, 1978, vol. II, p.913.

53) Marc Aurèle(마르쿠스 아우렐리우스), Pensées pour moi-même(『명상록』), XII, 3, op. cit., p.168.

54) Ibid.

55) Comme Calliclès dans le Gorgias de Platon(플라톤의 『고르기아스』에 나오는 칼리클레스의 말을 참조할 것), 494b, Paris, Flammarion, <<GF>>, 1987, p.233.

56) Hippolyte(히폴리투스), Réfutations de toutes les hérésies(『모든 이단들에 대한 논박』), I, 21, dans A. Long et D. Sedley, Les Philosophes hellénistiques, vol. II, Les Stoïciens, Paris, Flammarion, <<GF>>, 2001, p.62; H. Von Arnim, Stoicorum Veterum Fragmenta, op. cit., vol II, p.875.

57) Rousseau(루소), Rêveries du promeneur solitaire(『고독한 산 책자의 몽상』), cinquième promenade(다섯 번째 산책), Paris, Le Livre de poche, 2001, p.106.

58) Rousseau(루소), Discours sur l'origine et les fondements de l'inégalité parmi les hommes(『인간 불평등 기원론』), dans Œuvres complètes, Paris, Gallimard, <<Bibliothèque de la Pléiade>>, 1964.

59) Ibid.

60) Ibid., p.144.

61) Ricoeur(리쾨르), Temps et Récit(『시간과 이야기』), t.III, Le temps raconté(「이야기된 시간」), Paris, Seuil, 1985, p.443-444.

62) Stendhal(스탕달), Le Rouge et le Noir(『적과 흑』).

63) Ibid.

64) Lamartine(라마르틴), <<Le Lac(호수)>>, dans Méditations poétiques(『명상시집』).

65) F. Shane et G. Loewenstein, <<Hedonic Adaptation>>, dans E. Diener, D. Kahneman, N. Schwartz(dir.), Well-Being. The Foundation of Hedonic Psychology, New York, Russell Sage Foundation, 1999.

66) R. Easterlin, <<The Economics of Happiness>>, Daedalus, 2004.

67) Voltaire(볼테르), Lettres philosophiques(『철학편지』), lettre XXV, Paris, Flammarion, <<GF>>, 1994, p.180. 해당 구절들 은 볼테르가 파스칼을 비판하며 쓴 부분이다. 그러나 어쨌든 우리 가 뒤이어 인용하게 될 단장("우리는 내일과 불확실성을 위해 일한 다.")은 파스칼의 것이다.

68) Ibid.

69) Pascal(파스칼), Pensée(『팡세』), op. cit., fragment 480.

70) Ibid., fragment 134.

71) Spinoza(스피노자), Éthique(『에티카』), IV, proposition 50, Paris, Flammarion, <<GF>>, 1993.

72) Ibid., V, proposition 3, corollaire.

73) Ibid., III, proposition 59.

74) Spinoza(스피노자), Traité de la réforme de l'entendement(『지성교정론』), op. cit., p.181.

75) Spinoza(스피노자), Éthique(『에티카』), IV, proposition 52, op. cit.

76) Ibid., III, définition 2. 우리에게 이 결정적인 부분을 이해시켜준 에마누엘라 스크리바노에게 감사하는 바이다.

77) Épître aux Galates(「갈라티아 신자들에게 보낸 서간」) 5, 22-23.

78) Nietzsche(니체), Le Gai Savoir(『즐거운 학문』), §302, op. cit., p.247.

79) François de Sales(프란치스코 살레시오), Traité de l'amour de Dieu(『신애론』), IX, X, Paris, Gallimard, <<Bibliothèque de la Pléiade>>, 1969, p.788-789.

80) Bossuet(보쉬에), Méditations sur les Évangiles(『복음에 관한 명상』), dans Œuvres, Versailles, Lebel, 1815, t.IX, p.526-527.

81) Ibid.

82) Ibid.

83) Baudelaire, <<Le spleen de Paris>>(「파리의 우울」), dans Petits poèmes en prose.

84) Leibniz(라이프니츠), Nouveaux essais sur l'entendement humain(『신인간지성론』), livre II, chap. XX, Paris, Flammarion, <<GF>>, 1990, p.130-132. 여기서 언급되는 '행복의 불안'에 관한 생각은 에마누엘라 스크리바노를 통해 얻은 것이다. 이에 감사의 뜻을 밝혀둔다.

85) Ibid.

86) Ibid.

87) Ibid.

88) Ibid.

89) Kierkegaard(키르케고르), Traité du désespoir(『죽음에 이르는 병』), Paris, Gallimard, 1949, p.70. 프랑스어 역본의 제목(『절망론Traité du désespoir』)에는 오해의 소지가 크다. 왜냐하면 키르

케고르가 이 책에서 실제로 다루고 있는 것은 희망에 대한 내용이기 때문이다. 덴마크어 원제의 의미는 문자 그대로 옮기면 "죽을 병 La maladie à la mort"이 된다.

90) Ibid., p.64 et(그리고) 72.

91) Michaux(미쇼), Poteaux d'angle(『모퉁이의 말뚝들』), Paris, Gallimard, 1981, p.47.

92) Sartre(사르트르), Bariona ou le Fils du Tonnerre(『바리오나 또는 천둥의 아들』, dans Écrits de Sartre, Paris, Gallimard, 1970, p.604-605.

93) Ibid.

94) 미주 70번을 참조할 것.

95) Sartre, Bariona ou le Fils du Tonnerre(『바리오나 또는 천둥의 아들』, op. cit.

96) 캉길렘(Canguilhem)이 인용한 외과의사 R. 르리슈(R. Leriche)의 표현이다, Le Normal et le Pathologique(『정상적인 것과 병리적인 것』), Paris, PUF, 1999, p.52.

97) Bergson(베르그송), <<La conscience et la vie(의식과 생)>>, dans L'Énergie spirituelle(『정신적 에너지』), Paris, Payot, 2012, p.52-53.

98) Bergson(베르그송), Le Rire(『웃음』), Paris, PUF, 2007, p.29.

99) Nietzsche(니체), Humain trop humain(『인간적인 너무나 인간적인』), §321, Paris, Le Livre de poche, 1995.

100) Céline, Voyage au bout de la nuit(『밤 끝으로의 여행』), Paris, Gallimard, <<Folio>>, 1972, p.200.

101) Descartes(데카르트), Traité des passions(『정념론』), article 153, op. cit.

102) Descartes(데카르트), lettre à Élisabeth, 3 novembre 1645(「엘리자베스에게 부친 편지, 1645년 11월 3일」), dans Œuvres complètes, op. cit., t.IV, p.334.

103) Descartes(데카르트), Discours de la méthode(『방법서설』), dans Œuvres complètes, op. cit., t.VI, p.24-25.

104) Péguy(페기), Note conjointe sur M. Descartes et la

philosophie cartésienne(「데카르트와 데카르트 철학에 관한 부수적인 의견서」), dans Œuvres en prose complètes, Paris, Gallimard, <<Bibliothèque de la Pléiade>>, 1992, t.III, p.1303.

105) 프랑스어판 『유토피아』의 서문에서 서문 작성자인 M. 슈만이 인용한 토머스 모어의 말, L'Utopie(『유토피아』), Paris, Mame, 1978.

106) Baudelaire(보들레르), <<La vie antérieure>>(「전생」), dans Les Fleurs du mal(『악의 꽃』).

107) Rimbaud(랭보), <<Vierge folle. L'époux infernal>>(「경박한 처녀. 지옥 같은 남편」), dans Une saison en enfer(『지옥에서 보낸 한 철』).

108) Bloch(블로흐), Le Principe espérance(『희망의 원리』), préface, Paris, Gallimard, 1976, t.I, p.13.

109) Ibid.

110) Ibid.

111) Camus(카뮈), Noces(『결혼』), Paris, Gallimard, <<Folio>>, 1959, p.11.

112) Ibid., p.15-16.

113) "사상사에 있어서, 데카르트, 이 프랑스인 기사는 무척이나 힘찬 기세로 여정의 첫발을 떼었던 이로 영원히 기억될 것이다.", Péguy(페기), Note conjointe sur M. Descartes et la philosophie cartésienne(「데카르트와 데카르트 철학에 관한 부수적인 의견서」), dans Œuvres en prose complètes, op. cit., t.III, p.1303.

114) Camus(카뮈), Noces(『결혼』), op. cit., p.16.

115) Nietzsche(니체), Le Gai Savoir(『즐거운 학문』), §125, op. cit., p.177.

116) Nietzsche(니체), Ainsi parlait Zarathoustra(『차라투스트라는 이렇게 말했다』), op. cit., p.119.

117) Camus(카뮈), Noces(『결혼』), op. cit., p.20.

118) Ibid.

119) Ibid.

120) Baudelaire(보들레르), <<L'invitation au voyage>>(「여행에의 초대」), dans Les Fleurs du mal(『악의 꽃』).

121) Malebranche(말브랑슈), De la recherche de la vérité(『진리의 탐구에 관하여』), III, IV, 2, Paris, Gallimard, <<Bibliothèque de la Pléiade>>, 1979, p.313-314.

122) Nietzsche(니체), Généalogie de la morale(『도덕의 계보학』), §12, Paris, Gallimard, <<Folio>>, 1971, p.43-44.

123) Camus(카뮈), Noces(『결혼』), op. cit., p.14.

124) Ibid.

125) Ibid.

126) Ibid.

127) Fitzgerald(피츠제럴드), Gatsby le Magnifique(『위대한 개츠비』).

128) A. Tabucchi(A. 타부키), Viaggi e altri viaggi, Milan, Feltrinelli, 2010, 또한 다음의 책도 참조할 것, Tabucchi(타부키), La Nostalgie, l'Automobile. Lectures de Pessoa, Paris, Seuil, 2013, 특히 p.40-43 및 p.80-83.

129) Baudelaire(보들레르), <<La vie antérieure>>(「전생」), dans Les Fleurs du mal(『악의 꽃』).

130) Pessoa(페소아), Ode maritime(「바다의 시가」), dans Œuvres poétiques, Paris, Gallimard, <<Bibliothèque de la Pléiade>>, 2001, p.214.

131) Ibid.

132) Ibid.

133) Pessoa(페소아), Le Marin(『선원』), Paris, José Corti, 1988, p.29.

134) Pessoa(페소아), Bureau de tabac et autres poèmes(『<담배 가게>와 다른 시들』, Paris, Caractères, 1995, p.48.

135) Ibid., p.54.

136) Foucault(푸코), L'Herméneutique du sujet. Cours au Collège

de France, 1981-1982(『주체의 해석학. 콜레주 드 프랑스 강의록, 1981-1982』), Paris, Gallimard-EHESS-Seuil, 2001, p.138; 또한 다음도 참조할 것. Le Gouvernement de soi et des autres. Cours au Collège de France, 1982-1983(『자기의 통치와 타인의 통치. 콜레주 드 프랑스 강의록, 1982-1983』), Paris, Gallimard-EHESS-Seuil, 2008, p.320.

137) Hadot(아도), Exercices spirituels et philosophie antique(『정신 수련과 고대 철학』), Paris, Albin Michel, 1993, p.21.

138) Diogène Laërce(디오게네스 라에르티오스), Vies et doctrines des philosophes illustres(『유명한 철학자들의 생애와 사상』), Paris, Le Livre de poche, 1999, VI, p.64.

139) Michaux(미쇼), Poteaux d'angle(『모퉁이의 말뚝들』), op. cit., p.385.

140) Ibid., p.13.

광대한 삶을 위한 작은 철학

한없는 행복

1판 1쇄 2023년 9월 30일
ISBN 979-11-92667-36-2

저자 로랑스 드빌레르
번역 이주환
편집 김효진
교정 황진규
디자인 우주상자
펴낸곳 마르코폴로
등록 제2021-000005호
주소 세종시 다솜1로9
이메일 laissez@gmail.com
페이스북 www.facebook.com/marco.polo.livre